JN136682

新しい生活科教育の創造

体験を通した資質・能力の育成

朝倉　淳・永田忠道
〔共編著〕

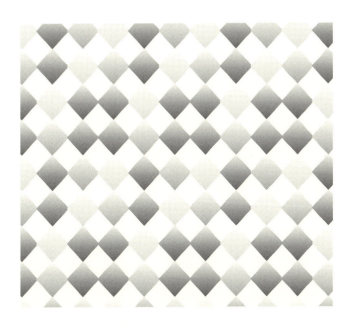

学術図書出版社

はしがき

　生活科が新教科として誕生しておよそ30年が経過した．30年の間に世の中は大きく変貌している．30年前にはなかったもので，今あるもの．インターネット，スマホ，AI，少子高齢化，地球温暖化．30年前にはあったもので，今はないもの……．これから30年後はどうなるのであろうか．

　予測困難なこれからを生きる子供たちをどのように育てればよいのか．
　2017（平成29）年文部科学省告示「小学校学習指導要領」は，このような強い問題意識に基づいている．新しい教育課程は壮大な挑戦とも言えよう．しかし，教育課程そのものはあくまで計画でしかない．実際の授業，日々の教育実践に具現化されて，はじめて本来の意味をもつものである．

　本書は，これまでの生活科教育の研究成果や授業実践などを踏まえつつ，新しい学習指導要領における生活科について，概観，展望したり，文言の意味や具体を検討したり，展開案を提示したりして，これからの授業実践の参考となるように作成したものである．執筆者は，それぞれ生活科に深く関わり，文部科学省において教育課程の改訂をリードしたり，生活科教育をテーマとして研究を進めてきたりした研究者である．また，学校現場等で，子供の成長に強い情熱をもち活躍している実践研究者の方々である．
　本書が，生活科教育を学ぶ大学生・大学院生，現職の先生方，教育関係者の皆様の研究推進やよりよい教育実践の一助となり，現在そして未来の子供たちの成長につながれば幸いである．

　2018（平成30）年8月

　　　　　　　　　　　　　　　　　　　　　　　　　　　　朝倉　淳

も く じ

第1章 生活科の今日的意義 … 1
- 第1節 資質・能力を育成する学習指導要領の方向性 … 1
- 第2節 今期学習指導要領の改訂と生活科とのつながり … 5
- 第3節 学習指導要領改訂における生活科のイメージ … 11
- 第4節 生活科における授業改善のイメージ … 14

第2章 生活科教育の歴史 … 18
- 第1節 生活科につながる前史―新教育 … 18
- 第2節 総合学習・生活科の提案から現在へ … 27

第3章 生活科の目標 … 34
- 第1節 教科目標の変遷 … 34
- 第2節 2017（平成29）年版学習指導要領における教科目標 … 35
- 第3節 各学年の目標とその構成 … 40

第4章 生活科の内容 … 43
- 第1節 9項目の内容 … 43
- 第2節 内容構成の要点 … 44
- 第3節 内容構成の背景と生活科の本質 … 50

第5章 幼小の接続と生活科 … 53
- 第1節 生活科新設と幼小の接続 … 53
- 第2節 小1プロブレムとスタートカリキュラム … 54
- 第3節 新学習指導要領における生活科と幼小接続 … 56
- 第4節 スタートカリキュラムのデザイン … 58
- 第5節 合科的・関連的な指導 … 62
- 第6節 スタートカリキュラムと生活科 … 63

第6章 生活科の指導計画 ………………………………… 65
第1節 生活科における年間指導計画の留意点 …………… 65
第2節 子供たち一人一人の実態への配慮とは …………… 66
第3節 学校内外における環境の教育資源としての活用とは … 67
第4節 各教科等との関わりを見通したカリキュラム・マネジメントとは … 67
第5節 幼児期と中学年以降の結節点としてのスタートカリキュラムとは … 70

第7章 生活科の単元計画と授業構成 …………………… 72
第1節 生活科授業における単元の意識 …………………… 72
第2節 生活科授業における単元計画の重要性 …………… 76

第8章 生活科の学習指導と評価 ………………………… 84
第1節 生活科の学習指導 …………………………………… 84
第2節 生活科の学習指導における教科書の活用 ………… 92
第3節 生活科の学習評価 …………………………………… 94

第9章 生活科の実践事例 ………………………………… 102
第1節 第1学年:学校探検を中心とした事例 …………… 102
第2節 第2学年:野菜の栽培活動の事例 ………………… 116
第3節 第2学年:町探検を中心とした事例 ……………… 128
第4節 第2学年:音遊びを中心とした発展的な事例
　　　　　―ドラマ教育の理念・手法を用いて― ……… 140

付録 幼稚園教育要領／小学校学習指導要領 ……………… 154

第1章

生活科の今日的意義

第1節

資質・能力を育成する学習指導要領の方向性

1　今期学習指導要領改訂の構造的理解

　「社会に開かれた教育課程」のスローガンの下，教育課程の基準の改訂について，中央教育審議会では活発な議論が積み重ねられ，広く公開されてきた．2016年12月には，中央教育審議会の答申が示され，2017年3月には幼稚園教育要領，小学校と中学校の学習指導要領が改訂・告示された．さらには，2018年3月に高等学校の学習指導要領も改訂・告示された．

　今回の改訂では，「アクティブ・ラーニング」というキーワードが示され，大きな改革の流れを生み出した．その言葉は，能動的学習を意味し，そこには，学習者主体の学びを実現しようとするメッセージが含まれていた．なぜなら，実際の社会で活用できる資質・能力は，学び手である子供が本気で真剣になって学ぶことによってこそ育成されると考えられ，議論されてきたからである．

　ここで，今回の改訂で示されたキーワードを整理してみよう．目指す大きな方向性は，実際の社会で活用できるような「育成を目指す資質・能力」を確かに育てていくことにある．そのためには，一人一人の子供が「主体的・対話的で深い学び」を実現することが求められる．この「主体的・対話的で深い学び」の実現のためのアプローチの一つが，授業のイノベーションとしての「アクティブ・ラーニング」の視点による授業改善である．そして，もう一つが，カリキュラムをデザインすることを中心とした「カリキュラム・マネジメント」と考え

ることができる．キーワードを構造化することによって，改訂の目指す方向を全体的かつ関係的に捉えることが重要であろう．

2　社会の変化と求められる人材

連日報道される人工知能（AI）の情報からも明らかなように，目の前の子供たちが活躍するであろう近未来の社会においては，想像以上の大きな変化が起きることが現実味を帯びてきた．現在の小学生は，長生きすればドラえもんに会えるかもしれない世代であると言う喩え話も，あながち夢物語とは言い切れなくなってきている．

そうした変化の激しい社会，日常の暮らしの中に人工知能などが普及する社会においては，ただ単に一方的に知識を教えるだけの教育を行っていても期待される人材を育成することはできない．知識の習得は重要であるものの，これからの社会においては，身の回りに生じる様々な問題に自ら立ち向かい，その解決に向けて異なる多様な他者と協働して力を合わせながら，それぞれの状況に応じて最適な解決方法を探り出していく力をもった人材こそが求められている．また，様々な知識や情報を活用・発揮しながら自分の考えを形成したり，新しいアイディアを創造したりする力をもった人材が求められている．

こうした新しい社会で活躍できる人材の育成に向けては，「何ができるようになるか」が重要であり，そのためには「何を学ぶか」に加えて，「どのように学ぶか」が今まで以上に大切になってくる．つまり，日々の教育活動，まさに授業が今まで以上に大きくクローズアップされることとなってきている．

3　「育成を目指す資質・能力」の三つの柱

現在の日本の子供の学力を分析すれば，およそ大きな成果が上がってきていると考えることができる．例えば，OECDの学習到達度調査（PISA）の結果においては，近年好ましい状況を示し，世界的に見ても高水準を保っている．また，全国学力・学習状況調査の結果については，各都道府県の格差が縮まり，

テストなどによって測定できる学力については，一定の成果が出ていると考えることができよう．一方，IEAの国際理科・数学動向調査（TIMSS）の調査結果からは，「授業が楽しくない」「授業が役立つとは思わない」などの意見を持つ子供の割合が諸外国より高く，近隣諸国の子供より自己肯定感が低いことなども明らかになっている．学力が上がっているにも関わらず，である．さらには，自分で考え，判断して，行動する力などにも不十分さを示している．

社会の変化を見据えることのみならず，子供の実態を見つめることからも，「何を学ぶか」はもちろん大切ではあるものの，「何ができるようになるか」のために，「どのように学ぶか」を一層重視する必要があることが理解できるのではないだろうか．

こうした社会の変化や子供の実態から，中央教育審議会では「何ができるようになるか」として，育成を目指す資質・能力を以下の三つの柱として検討を進めてきた．

① 「何を理解しているか，何ができるか（生きて働く「知識・技能」の習得）」
② 「理解していること・できことをどう使うか（未知の状況にも対応できる「思考力・判断力・表現力等」の育成）」
③ 「どのように社会・世界と関わり，よりよい人生を送るか（学びを人生や社会に生かそうとする「学びに向かう力・人間性等」の涵養）」

国内外の分析によれば，この「育成を目指す資質・能力」に共通する要素は，知識に関するもの，思考や判断，表現等に関わる力に関するもの，情意や態度等に関するものの三つに大きく分類できる．学習指導要領改訂に当たって示された「育成を目指す資質・能力」の三つの柱は，こうした分析を踏まえ整理されてきた．

この「育成を目指す資質・能力」が，一人一人の子供に確かに身に付くようにするためには，「どのように学ぶか」が今まで以上に問われることになる．そこでは，これまでのような一方的に知識を教え込む授業，一人一人の子供が受身の授業，を大きく改善していかなければならない．なぜなら，そうした受

動的で指導者中心の学びでは，実際の社会で活用できる資質・能力が育成されるとは考えることができない．学習者中心で，能動的な学びこそが求められていると考えるべきであろう．

4 資質・能力を育成する「主体的・対話的で深い学び」

　生きて働く「知識及び技能」，未知の状況にも対応できる「思考力，判断力，表現力等」，学びを人生や社会において生かそうとする「学びに向かう力，人間性等」を一人一人の子供に育成していくことが求められている．そのためにも，学びの過程において，実社会や実生活と関わりのあるリアリティのある真正の学びに主体的に取り組んだり，異なる多様な他者との対話を通じて考えを広めたり深めたりする学びを実現することが大切になる．また，単に知識を記憶するだけにとどまらず，身に付けた資質・能力が様々な課題の解決に生かせる事を実感できるような，学びの深まりも大切になってくる．

　こうした「主体的・対話的で深い学び」を実現するためには，学習過程を質的に高めることが必要であり，そのために「アクティブ・ラーニング」の視点による授業改善が，以下のように求められている．

---

①学ぶことに興味や関心を持ち，自己のキャリア形成の方向と関連付けながら，見通しを持って粘り強く取り組み，自己の学習活動を振り返って次につなげる「主体的な学び」が実現できているか．

②子供同士の協働，教職員や地域の人との対話，先哲の考え方を手掛かりに考えること等を通じ，自己の考えを広げ深める「対話的な学び」が実現できているか．

③習得・活用・探究という学びの過程の中で，各教科等の特質に応じた「見方・考え方」を働かせながら，知識を相互に関連付けてより深く理解したり，情報を精査して考えを形成したり，問題を見いだして解決策を考えたり，思いや考えを基に創造したりすることに向かう「深い学び」が実現できているか．

先に記したとおり，資質・能力の三つの柱を育成するためには，「主体的・対話的で深い学び」の実現が必要であり，そのために「アクティブ・ラーニング」の視点による授業改善が求められているのである．

第2節

今期学習指導要領の改訂と生活科とのつながり

1 「学習する子供の視点」に立つことが資質・能力を育成する

資質・能力の育成には，学習過程としてのプロセスの充実が欠かせない．なぜなら，資質・能力は，実際の場面で活用・発揮することで確かになり，自らのものとして獲得されていくからである．既に何度も記してきているように，受け身の学習，一方的に教え込まれるような受動的な学習を繰り返したとしても，実際の社会で活用できる資質・能力が育成されるとは考えにくい．

平成24年8月の「新たな未来を築くための大学教育の質的転換に向けて」（中央教育審議会答申）の「用語集」では，アクティブ・ラーニングを，「学修者の能動的な学修への参加を取り入れた教授・学習法」と説明しているように，一人一人の子供が自ら学びに向かうことが欠かせない．このことについては，平成27年8月の「論点整理」において，以下のように整理している．

> 各学校が今後，教育課程を通じて子供たちにどのような力を育むのかという教育目標を明確にし，それを広く社会と共有・連携していけるようにするためには，教育課程の基準となる学習指導要領等が，「社会に開かれた教育課程」を実現するという理念のもと，学習指導要領等に基づく指導を通じて子供たちが何を身に付けるのかを明確に示していく必要がある．
>
> そのためには，指導すべき個別の内容事項の検討に入る前に，まずは学習する子供の視点に立ち，教育課程全体や各教科等の学びを通じて「何ができるようになるのか」という観点から，育成すべき資質・能力を

> 整理する必要がある．その上で，整理された資質・能力を育成するために「何を学ぶのか」という，必要な指導内容を検討し，その内容を「どのように学ぶのか」という，子供たちの具体的な学びの姿を考えながら構成していく必要がある．

　資質・能力の育成には，「学習する子供の視点」に立って考えることがポイントになる．これまで多くの教室に見られた教師主導の授業ではなく，学習者としての子供を中心に考えることが基盤となる．こうした今期改訂の基盤である発想の転換が「論点整理」には明確に示されている．このことこそが，生活科の考え方と深くシンクロするのではないだろうか．

　生活科は，活動や体験をしていればよいと安易に考える傾向がある．しかし，一人一人の子供が思いや願いをもって学習活動に没頭し，真剣に追究し，自己表出していく学習活動を行う時間であると考えることこそが重要である．全員が楽しく取り組む授業，一人一人の個性や特徴に応じた学び甲斐のある授業，互いの違いや多様性を生かして豊かな学びを創出する授業を目指すと考えるべきであろう．

　そうした授業観，学習観の転換を学習指導要領の改訂では議論してきたことになる．今期学習指導要領改訂の最重要ポイントがここにある．そして，その考え方こそが生活科とつながるものと考えるべきであろう．このことは，生活科新設の趣旨と重なるものと考えることができる．また，当時の学習指導要領の指導書において「よき生活者としての能力や態度を育成する」としたこととつながる．つまり，今期改訂の重要な発想の転換は，生活科をモデルとしていると考えるべきなのである．

(1) 自ら学ぶ能動性・自発性が資質・能力を育成する

　生活科では，一人一人の子供の能動性や自発性を重視している．子供が自ら学ぶ能動性や自発性を大切にすることが，資質・能力の育成に結び付く．それは，ここまで繰り返してきたように，資質・能力は，実際に活用・発揮されることでこそ確かに育成されるからである．したがって，一人一人の子供が自ら

学び，主体的に学ぶことを大切にしなければならない．例えば，知識・技能は，活用・発揮することで他の知識・技能などとつながりネットワーク化され生きて働く状況となる．そこでは，知識・技能が関連付いて概念化され，連動して一体化され「しっかり」したものとなるとイメージすることができる．また，身体や体験などとつながり一つ一つが「はっきり」する．あるいは，多様な視点から捉え直され「くっきり」するなどの好ましい獲得の状況が考えられるのではないか．

　思考力・判断力・表現力等も，活用・発揮することで，実際の活用場面などとつながり，いつでもどこでも自在に使える，汎用性の高い，未知の場面でも対応できる資質・能力として育成されると考えることができるのではないか．

　さらには，学びに向かう力・人間性等は，学びの目的や価値，意義と結び付き，心地よい手応え感覚とつながり人生や社会に生かせる安定的で持続的な資質・能力となることが期待できるのではないか．

(2) 異質性や多様性が資質・能力を育成する

　もう一つは，それぞれに異なる異質性や多様性が資質・能力を育成することを大切にしたい．生活科では，一人一人の思いや願いを大切にし，多様な学習活動が展開されることを重視してきた．資質・能力の育成には，異なる多様な他者との学び合い，互いの違いを生かすことが大切になる．そのことが一人一人の子供の気付きの質を高め，思いや願いを実現しようとする学習プロセスを質的に高めていくとともに，他者と力を合わせた問題の解決や協働による新たなアイディアの創造を実現していく．PISAの「協同的問題解決能力」の調査が行われたように，問題の解決場面においては，自分一人行うのではなく，様々な立場にある多くの人の参加による協同によって解決に向かって取り組むことが大切になる．

　このような多様な他者との学び合いや対話には，次の三つの価値が考えられる．一つは，他者への説明による情報としての知識や技能の構造化である．子供は身に付けた知識や技能を使って相手に説明して話すことで，つながりのある構造化された知識を生成していく．二つは，他者からの多様な情報収集であ

る．多様な情報が他者から供給されることで，構造化は，一層質的に高まるものと考えることができる．三つは，他者とともに新たな知を創造するとともに，課題解決に向けての行動化なども期待できる．これらが，「気付きの質の高まり」「学習意欲」などの生活科が重視してきたこととも結び付く．

　学び手としての子供を中心に考えることを基盤に，子供の能動性や自発性，異質性や多様性を生かすことによって，期待される資質・能力が育成される．今期改訂の最重要ポイントである「学習する子供の視点」に立つことを，生活科をモデルとしながら強く意識すべきなのである．こうした点を生活科の今日的意義と考えることができよう．

2　「カリキュラム・マネジメント」の充実が資質・能力を育成する

　社会で活用できる資質・能力，社会で求められる資質・能力を育成していくために「学習する子供の視点」に立つアクティブ・ラーニングの視点による授業改善と共に，「カリキュラム・マネジメント」の充実が重要である．なぜなら，「主体的・対話的で深い学び」を単位時間において実現するには，その1時間がどのような単元に位置付いているかという単元構成を抜きにして考えることは到底できない．また，その単元は，どのような年間の位置付けになっているかという年間指導計画を知らずして考えることも難しい．さらには，そうした一時間の授業や単元構成，年間指導計画が，全ての教科等においてどのように配列され構成されているかを俯瞰することなく語ることもできないのではないか．もちろん，そうしたカリキュラムが，どのような教育目標を受けているかを考えることは当然であり，いかにカリキュラムをデザインしていくかが問われており，そのことが「主体的・対話的で深い学び」を実現することに大きくつながる．

　その点から考えるならば，中央教育審議会で議論を繰り返してきた以下の「カリキュラム・マネジメント」の三つの側面の中でも，特に，一番目の記述に注目することが大切になるのではないか．

> ①各教科等の教育内容を相互の関係で捉え，学校教育目標を踏まえた教科等横断的な視点で，その目標の達成に必要な教育の内容を組織的に配列していくこと．
> ②教育内容の質の向上に向けて，子供たちの姿や地域の現状等に関する調査や各種データ等に基づき，教育課程を編成し，実施し，評価して改善を図るPDCAサイクルを確立すること．
> ③教育内容と，教育活動に必要な人的・物的資源を，地域等の外部の資源も含めて活用しながら効果的に組み合わせること．

　もちろん，②のPDCAサイクル，③の内外のリソースの活用も重要ではあるものの，取り組みのきっかけを，①の「カリキュラム・デザイン」にすべきではないだろうか．
　教育内容を組織的に配列し編成する「カリキュラム・デザイン」については，大きく次の三つの階層が考えられる．一つは，教育目標を踏まえつなぐグランド・デザイン（全体計画）．二つは，全単元を俯瞰し関連付ける単元配列表．そして，三つは，学びの文脈を大切にした単元計画である．もちろん，この三つの先に具体的な授業のデザインがある．
　この「カリキュラム・デザイン」も，生活科がモデルになっていると考えることができよう．生活科は，学校や地域の特色に応じた教育活動を行うことが求められる．主たる教材としての教科書は用意されたものの，各学校で独自の教育活動を構想し，地域の特色を生かした学習活動を展開してきた．それは，各学校で独自のカリキュラムをデザインすることであり，まさに今期改訂につながる生活科の特質と言えよう．

(1) 生活科と他教科等との関連を重視する単元配列表

　生活科と各教科等との関連を図ることは特に重要である．そこで，生活科を中核とした単元配列表を作成し関連を意識した計画を作成することについて記していく．
　生活科や他教科等とを関連付けることで，他教科等で別々に身に付けた知識

や技能をつながりのあるものとして組織化し直し，改めて現実の生活に関わる学習活動において活用することが期待できる．また，そのことが，確かな知識や技能の習得にもつながる．一方，生活科での学習活動やその成果が，他教科等の学習の動機付けや実感的な理解につながるなどのよさも考えられる．

このように生活科と他教科等とは，互いに補い合い，支え合う関係にあり，教育課程全体の中で相乗効果を発揮していく．したがって，私たちは，他教科等で身に付ける資質・能力を十分に把握し，生活科との関連を図った年間指導計画，単元配列表を作成することが極めて大切になる．

その一つは，他教科等で身に付けた資質・能力を適切に活用・発揮して，生活科の学習活動を充実させていく関連の仕方が考えられる．子供が思いや願いを実現していく中において，各教科等の資質・能力を主体的に繰り返し活用していく姿である．例えば，図画工作科の技能を生かして作品を作成したり，国語科の表現する方法を使って豊かに発表をしたりすることなどが考えられる．このように，他教科等で学んだことを生活科に生かすことで，子供の学習は一層深まりと広がりを見せることが期待できる．

もう一つは，生活科で行われた学習活動や学習対象によって，他教科等での学習のきっかけが生まれ意欲的に学習を始めるようになったり，他教科等で学習していることの意味やよさが実感されるようになったりすることも考えられる．また，生活科で行った体験活動を生かして国語の時間に依頼状やお礼状を書くなど，生活科での体験活動が他教科等における学習対象となることも考えられる．例えば，生活科で野菜の栽培活動を行った子供は，その気付きを基にして観察名人になる国語科の学習を展開していく．体育科における身体を動かす学習でも生活科での気付き（学習経験）を生かして，深まりと広がりを見せることが期待できるのではないか．

(2) 生活科を中核にしたスタートカリキュラム

先に記した(1)は，とりわけ入学直後のスタートカリキュラムにおいて，カリキュラムをデザインすることが考えられる．

スタートカリキュラムをデザインする際に，特に心がけなければならないこ

とが二つある．一つは，幼児教育との接続である．幼児教育の終わりまでに育ってほしい10の姿を存分に発揮することができるようなカリキュラムとして整備することを心がけたい．もう一つは，学びの自覚を促すことである．幼児期においては，遊びを中心とした活動において無自覚に学んでいた子供が，自らの学びを自覚する時期に入ってくる．そうした子供の成長を促進することが大切になる．

そのためにも，合科的・関連的な指導が実現できるようなカリキュラムをデザインすることが考えられる．それと同時に，柔軟な時間設定や一日の流れを意識した学習活動のデザインなども大切である．

カリキュラムをデザインし「カリキュラム・マネジメント」を行うこと，そこでは，他教科等との関連を図り，幼児教育での子供の育ちと学びを生かし，一人一人が自立し豊かな生活を創造していく姿の実現が期待されている．今期改訂の重要なポイントである「カリキュラム・デザイン」の充実を，生活科をモデルとして実施していくべきなのである．「カリキュラム・マネジメント」の具体モデルがスタートカリキュラムであるということを強く意識することが大切である．こうした点も生活科の今日的意義と考えることができよう．

第3節
学習指導要領改訂における生活科のイメージ

今期学習指導要領の改訂を踏まえた生活科の今日的意義を確認した上で，生活科で期待される学習過程や生活科で育成を目指す資質・能力のイメージを明らかにしていきたい．

1 生活科の学習過程と資質・能力

生活科における資質・能力を育む学習過程は，やってみたい，してみたいと自分の思いや願いを持ち，そのための具体的な活動や体験を行い，直接対象と関わる中で感じたり考えたりしたことを表現したり，行為したりしていくプロ

セスと考えることができる．このプロセスの中で，体験活動と表現活動とが繰り返されることで子供の学びの質を高めていくことが重要である．

　もちろんこうしたプロセスはそれぞれの学習活動がいつも同じように繰り返されるわけではなく，活動が入れ替わったり，一体的に行われたり，行きつ戻りつしたりするものである．

　一人一人の子供の思いや願いを実現していく一連の学習活動を行うことにより，子供の自発性が発揮され，一人一人の子供が能動的に活動するようにすることが重要である．体験活動は子供の興味や関心を喚起し，熱中したり没頭したりすることが期待できる．こうして子供は身近な環境に直接働きかけたり，働き返されたりしながら対象との双方向のやり取りを繰り返し，活動や体験の楽しさを実感していく．

　直接対象と関わる体験活動が重視されるとともに，それを伝えたり，交流したり，振り返ったりする表現活動が適切に位置付けられる．そうした学習活動が連続的・発展的に繰り返されることにより，育成すべき資質・能力として期待される子供の姿が繰り返し表れ，積み重なっていく．こうした一連の学習活動を通して育成すべき資質・能力は確かになっていく．

　子供は具体的な活動や体験を通して，比較したり，分類したり，関連付けたりなどして解釈し把握するとともに，試行したり，予測したり，工夫したりなどして新たな活動や行動を創り出していく．それらを通して，自分自身や自分の生活について考え，個別的な気付きが関係的な気付きへと質的に高まったりするなど，新たな気付きを生み出すことが期待される．

　また，熱中し没頭したこと，発見や成功したときの喜びなどは表現への意欲となり，他者に伝えたり，交流したり，振り返って捉え直したりして表現する活動を行うことにつながる．そこでは，自分の学習活動に対する充実感，達成感，自己有用感，一体感などの手応えをつかむことになり，そのことが子供の安定的で持続的な学びに向かう力を育成していく．

　小学校に入学したばかりの低学年の時期においては，意識的に自らの学びを見つめ，振り返りを行うというよりは，伝え合い表現する学習活動を行うことが学びの振り返りになるという段階である．活動や体験したことを言葉などに

よって振り返ることは，無自覚な気付きが自覚的になったり，一つ一つの気付きが関連付いたりするという意義を持つ．生活科の学習を通じて，様々な気付きを得たり，学びに向かう力を育てていく上で，表現することを通じて振り返るという学習を重視する必要がある．

2 生活科で育成する資質・能力

　小学校1学年，2学年の低学年においてのみ設定する生活科で育成を目指す資質・能力については，幼児期の学びとのつながりを受けながら，生活科における学びを小学校中学年以降の学びにどうつなげていくかということを意識して整理する必要がある．さらには，1に示した学習過程において，繰り返し活用・発揮されたり，期待する姿として積み重ねられたりすることによって，確かに育成されていくものと考えることが大切になる．

　生活科において，対象に直接関わる具体的な活動や体験を通して育成を目指す資質・能力を，生活科の特質を踏まえつつ，幼児教育において育みたい資質・能力とのつながりや，小学校低学年における他教科及び中学年以降の理科，社会，総合的な学習の時間を含めた各教科等における学習との関係性も踏まえた上で大括りに再整理すると，以下のように考えることができる．

○知識及び技能の基礎
・具体的な活動や体験を通して獲得する自分自身，社会事象，自然事象にする個別的な気付きや関係的な気付き
・具体的な活動や体験を通して身に付ける習慣や技能

　　　　　　　　　　　　　　　　　　　　　　などが考えられる．

○思考力，判断力，表現力等の基礎
・身体を通して関わり，対象に直接働きかける力
・比較したり，分類したり，関連付けたり，視点を変えたりして対象を捉える力
・違いに気付いたり，よさを生かしたりして他者と関わり合う力

- 試したり，見立てたり，予測したり，工夫したりして創り出す力
- 伝えたり，交流したり，振り返ったりして表現する力

　　　　　　　　　　　　　　　　　　　　　などが考えられる．

○学びに向かう力，人間性等
- 身近な人々や地域に関わり，集団や社会の一員として適切に行動しようとする態度
- 身近な自然と関わり，自然を大切にしたり，遊びや生活を豊かにしたりようとする態度
- 自分のよさや可能性を生かして，意欲と自信を持って生活しようとする態度

　　　　　　　　　　　　　　　　　　　　　などが考えられる．

第4節

生活科における授業改善のイメージ

　第1節，第2節において示した生活科の今日的意義や第3節に記した生活科で育成を目指す資質・能力を踏まえて，生活科ではどのような授業改善のイメージが求められているかを明らかにしていきたい．

　生活科は，具体的な活動や体験を行うことを教科の特質としてきた．それは，低学年の発達特性を踏まえ，活動や体験を行うことによってこそ豊かな学習が実現できると考えてきたからである．しかし，ただ単に活動や体験だけをしていればよいというわけではない．活動や体験を確かな学習に仕立ててくためにも表現活動が欠かせない．自らの体験を対象として伝えること，友達やクラスメートと意見交換をすること，学習の足跡を振り返ることなどの表現活動が大切になる．

　今期改訂における生活科の授業改善は，これまでと同様に思いや願いを実現する体験活動を充実させるだけではなく，表現活動を工夫し，体験活動と表現活動とが豊かに行きつ戻りつする相互作用を意識することが求められる．

1　伝える学習活動

　一人一人の子供が，異なる夏野菜を栽培してきた学級では，毎日の水やりや草取りなどの世話を繰り返すうちに，「ミニトマトもナスもキュウリも，どれもはながさいたところにみがなります．べつのやさいもみんなおなじです．」「でも，つるがのびるのはキュウリだけです．」と実感のこもった言葉で伝える姿が生まれてきた．子供は，それぞれの野菜の特徴を関連付け，植物の斉一性や多様性に気付いていった．

　町探検で図書館に出かけた子供は，「としょかんは，とってもしずかでした．あさいっても，おひるにいっても，おやすみのひにいってもしずかでした．いつもしずかにほんをよむところです．としょかんにいったときは，わたしもしずかにほんをよみたいとおもいます．」と話し，公共施設の機能や自分自身の行為に関心を向けていった．

　子供は，他者に伝え表現することによって体験したことを対象とし，共通点や差違に気付いたり，時間経過の中での変化や変わらないことを発見したりしていく．これまでと同様に，言葉，絵，動作，劇化などの発達に応じた多様な方法で表現自体を楽しむとともに，気付いたことを基に考え，新たな気付きを生み出し気付きの質を高めることを大切にしたい．

2　相互交流する学習活動

　ダイズを育ててきた子供の話し合いの様子である．家のおじいちゃんに聞いてきたと言いながら「ダイズはさやのなかではおへそとおへそがくっついていて，おへそからえいようをもらっているんだって．」と発言する子供がいた．すると，「それなら，ダイズのおやはえだで，ダイズがそのこどもだね．」と他の子供の発言が続いた．最後には，「なんか，にんげんみたいだね．」と嬉しそうな発言が生まれた．こうして子供は，生命のつながりを対話しながら明らかにしていった．

　熱中し没頭したこと，発見したことや成功したことは表現への意欲となり，

自他を認める積極的な交流活動につながる．学級の友達との意見交換では，異なる情報が豊富に手に入る．そこでは，他者からの新しい情報に触発されて，次の発言や行動を積極的にしようとする姿が生まれる．こうして子供は，身の回りの様々な事象を比較したり，分類したり，関連付けたりして自分の考えを広げ深めていく．また，新たな活動を生み出していく．

3　振り返る学習活動

　振り返りの活動として，これまでも言葉などによる表現活動が位置付けられてきた．活動や体験したことを言葉などによって振り返ることで，無自覚な気付きが自覚的になったり，一つ一つの気付きが関連付いたりするからである．それらに加えて，振り返ることで自分自身の成長や変容について考え，自分自身についてのイメージを深め，自分のよさや可能性に気付いていくことも大切なことである．

　野菜栽培を継続する中で，「まいにちアサガオのおせわをしたので，アサガオが大きくなりました．アサガオといっしょにわたしも大きくなりました．」と，植物に対する気付きから自分自身の成長や変容に気付く子供がいた．また，互いの成長に関するカードを交換する中で，自らの成長を振り返り，「ともだちとメッセージをおくりあいました．もらったとき，わたしってすごいんだなーっておもいました．それをよんだらうれしいきもちになりました．あげたときみんなよろこびました．うれしかったです．みんな『ありがとう』っていってくれました．よんだらこころがふわふわになって，こころがぽかぽかになりました．ぽかぽかになってうれしかったです．よんだら，わたしって，すごいんだなっておもいました．」と，子供は文章をまとめた．

　働きかける対象への気付きだけではなく，そこに映し出される自分自身への気付きや，自分自身の成長に気付くことなどが，自分はさらに成長していけるという期待や意欲を高めることにつながる．それは，振り返ることによって，学習活動の手応えを得ることと関係が深い．一人一人の子供が，自らの学習に対して，充実感，達成感，自己有能感，一体感などの手応えを得ることが大切

になる．一般的には，好奇心，自立欲求，向社会的欲求などの動機付けによって子供の活動は始まる．その活動を行った結果として，先に示したポジティブな感情を伴う手応え感覚を獲得することが，次の子供の活動を生み出す．こうした好ましいサイクルこそが，次の学びにつなげる「学びに向かう力」を育成するものとして大いに期待することができる．

参考文献
中央教育審議会「新たな未来を築くための大学教育の質的転換に向けて〜生涯学び続け，主体的に考える力を育成する大学へ〜（答申）」2012年8月28日．
中央教育審議会教育課程企画特別部会「教育課程企画特別部会における論点整理」2015年8月26日．
日本授業UD学会編集委員会「授業UD研究 第1号」2016年6月11日．
中央教育審議会ワーキンググループ「生活科・総合的な学習の時間ワーキンググループ配付資料」2016年6月17日．
中央教育審議会「幼稚園，小学校，中学校，高等学校及び特別支援学校の学習指導要領等の改善及び必要な方策等について（答申）」2016年12月21日．
田村学『カリキュラム・マネジメント入門』東洋館出版社，2017年．
田村学『深い学び』東洋館出版社，2018年．

第2章
生活科教育の歴史

第1節
生活科につながる前史―新教育

1　前史―新教育における生活（生命，活動）の導入

　生活科にはどんなイメージがあるだろう．何かのモノや色，形などにたとえてもいいが，柔らかい，生き生き，自由，多様，などがあがるだろう．

　生活じたいは，日常の衣食住がイメージされるが，経験，体験，または活動をさすこともある（以下，活動）．自然体験・社会体験，栽培・飼育，作業・実験，ごっこ遊び・ゲーム，観察・見学，探検・探険・旅行・フィールドワーク，調査・調べ学習，インタビュー・聞き取り，討論・話し合い，発表・プレゼン，劇，ワークショップなどじつに多彩だ．遊びや共同の作業のように，生き生き（活き活き）とした生命感あふれる活動としてイメージできるとよい．

　歴史の上で，生活科にあたるものを考え出した教師や学者は，子供の生活経験（子供の学びの履歴としてのカリキュラム）に価値を見いだして，学校の抽象化したカリキュラム（教育課程といいかえられるカリキュラム計画）のうちに，何らかの活動を導入して再編成しよう，と考えたのだ．その上，学校の全体的なイメージやしくみ（システム）を変えようとした人も目立つ．

　他方で，今の学校にはモデルがあって，18-19世紀に制度化された大衆用の近代学校（モニトリアル・システム，あるいはベル・ランカスターシステム）であった．そこで今まで教えられてきたことは，教科や科目と称して学問や文化をわかりやすくした内容で，系統的に組まれた知識・技能である．当初はた

いてい座学で一斉教授をとった学校は，ともすると画一化（規律化，「形式化」）され，子供にとっては社会や大人からの一方通行になってきた．

対して，教育の歴史の上には，教科ならざる教科の枠を空け，日常や校外の生活・活動を導入し，手段としてではなく，いわば自己目的的に展開することで，学校というシステムじたいに揺さぶりをかけたい，との想いが生み出してきた実践や思想，運動がある．それが"新教育"である（アメリカでは進歩主義教育，ドイツでは改革教育ともよぶ）．源流としては，近世におけるペスタロッチ，ルソーなどまでさかのぼれるが，本格的には19世紀末から20世紀前期にかけて欧米でもてはやされた思想とその実践・運動をさす．

一言でいえば，従来の教科という枠を越えて目的・目標を設定し，多彩な内容と方法を含み込んだ具体的な生活活動を導入して，ときに合科的・総合的に進める新しい教育・学習である．（とくに小学校の低学年や幼稚園の段階に関しては，言葉で言葉を注入するような直接教育ではなく，子供たちが遊びや仕事をしながら自ら学べるように環境を整えておく「間接教育」（ルソー）のように，生活経験を重視し，そこから各教科・科目が分化してくる前段階として，たっぷり展開するような「生活総合」といえるイメージである．）

表2-1　旧教育に対する新教育の主張点

	旧来の教育の批判点	新教育にほぼ共通する特徴
教育理念	統制，管理，指導	自由，（放任），興味・関心，支援・援助
教育内容	主知主義（知識偏重）言葉，学知	全人主義，感性 生活経験・体験，活動，労作
〃	書物主義	実物主義，自然，経験主義，活動主義
教育方法	受動，座学，客体 画一主義，詰め込み	能動，主体性，自主性，自発性 創造性，個性
〃	形式化・形骸化	生活中心主義，生命活動の重視
教育関係	教師中心主義	児童中心主義，個別，または共同・協働
一部の論の特徴	伝達，習得，効率，競争 秩序，権力	思考，判断，表現，活用，探究 自己活動，自学・創造・自動・自治
関係する論	系統学習，教科主義 科学主義，文化遺産	問題解決学習，経験主義，生活主義 協同学習，教え合い・学び合い

（筆者作成）

表2-1に，キーワードを整理してまとめてみた．

本章では，こうした新教育のうち，とくに生活，活動の導入を試みたものを，生活科の源流として拾いだしていく．日本においては，"生活教育"と呼ばれてきたような，多様な諸類型のうちの一つでもあるが，四つの波があったといえる．順に見ていこう．

2　第一の波　大正新教育（大正自由教育）

(1) 近代学校の始まりと画一的・形式的な教育体制

新教育運動の日本版の一つめが，1910年代から1930年代前半にかけて現われた大正新教育（またの名は大正自由教育）といえる．

日本の近代学校の方の始まりは，ヨーロッパから導入されて，明治維新下の学制（1872）として整備・実施されたものである．当初の学校では，地域や子供の実態を無視した画一的な一斉教授が，国定教科書をもって強制されていた．しかも臣民教育ということで，国家主義，天皇制軍国主義のイデオロギーを子供たちに，教科書だけでなく，教育勅語や行動規範を通じても注入し刷り込んだ．教育の画一化，「形式化」が進んだが（ここに，明治中期に移入されたヘルバルト学派における五段階教授法などの理論が流用された），この風潮は大正デモクラシーの時代には緩まった．

(2) 新教育の始まりと，大正新教育の主張者，新学校

すでに明治時代末期から大正時代にかけて，欧米の新教育の情報が，帝国大学や師範学校の教授らによって，雑誌や本で紹介されるとともに，いくつかの学校で独自に作り替えられ，以下のような理論と実践が生み出され，実験されていた．

1) 実物教授…教室に実物を持ち込んだ授業．（今のスイスの）ペスタロッチにならった主義
2) 校外活動…調査探究も組み合わせた遠足など．棚橋源太郎（東京高等師範学校附属小学校訓導）の飛鳥山遠足（1896）

3) 活動主義…アメリカのパーカーの理論を採り入れて，自発的活動を重んじた．樋口勘次郎（東京高等師範学校附属小学校訓導）の『統合主義新教授法』（1899）他
4) プロジェクト・メソッド，作業主義に基づく労作教育…東京女子高等師範学校（現・お茶の水女子大学）附属小学校主事ら（北澤種一他）。
5) 合科学習論…奈良女子高等師範学校（現・奈良女子大学）附属小学校の主事・木下竹次ら（1920〜）．一つの題材のもとに複数教科を合わせた合科学習．全ての学年にて．学習方法一元論ということで，教科の枠を取り払い，時間割を廃止して，独自学習→相互学習→独自学習，というように，教科書に縛られない実践を展開した．機関誌は『学習研究』．
6) 研究学級…長野県師範学校（現・信州大学）附属小学校の主事・杉崎瑢，若手の淀川茂重らによる（1917〜37）．教科も時間割も設定せずに，たとえば低学年での郊外の学習から，鶏の飼育，長野市の研究へと展開した．

こうした新教育の集大成として，教育学術研究大会，いわゆる「八大教育主張」講演会（1921年8月の8日間，東京）が開かれ，定員二千名の数倍にわたる申込が殺到した．表2-2で，そのうち生活科にも通じる四つを見る．

表2-2 八大教育主張の詳細

演順	提唱者	その役職	主張	主張内容の要旨
1	及川平治	兵庫県明石女子師範学校附属小学校主事	動的教育論	教育は動的なものでなくてはならない．後に，分団式動的教育法．自学主義と分団式学習の結合で，能力別グループ編成による個別化教育へ
3	樋口長市	東京高等師範学校教授	自学教育論	生徒の自主学習を重視
4	手塚岸衛	千葉県師範学校附属小学校主事	自由教育論	子供自らが自らの力を出して自己を開拓して進む力をつけるのが教育
8	小原国芳	成城小学校主事（後に玉川学園を創設）	全人教育論	理想の真善美聖とそれを支える健富を備えた完全で調和ある人格を育む．

（筆者作成）

これらは，画一的で教師中心的なそれまでの教授法を批判し，子供の自主性・創造性や個性を重視する自由な教育を提起する点で一致していた．

3 大正新教育を実験した「新学校」と公立学校

こうした理念を実現していく上で，新しい学校を作り上げる試みが多発した．国家統制からある程度自由であった一部の師範学校の附属小学校，および提唱者が理論の具体化のために創設した私立学校（新学校）である（表2-3）．

表 2-3 大正新教育の新学校（主に小学校）

校名または学園名	創立者	創立・閉校年	キーワードの一例
日本済美学校	今井恒郎	1907〜1950	田園，自然
帝国小学校	西山哲治	1912〜1945	子供の権利
成蹊実務学校→成蹊小学校	中村春二	1912〜 1915〜	自立・連帯・創造
成城小学校	澤柳政太郎	1917〜	散歩科，遊び科
文化学院	西村伊作	1921〜	自然科
自由学園	羽仁もと子・吉一	1921〜	自労自治
明星学園	赤井米吉	1924〜	独自の教科書
池袋児童の村小学校	教育の世紀社．野口援太郎，野村芳兵衛，峯地光重，下中弥三郎，志垣寛他	1924〜1936	生活科（野村），観察科，児童中心主義
御影児童の村小学校→芦屋児童の村小学校	桜井祐男	1925〜1938	選ぶ自由
雲雀ケ岡児童の村小学校（茅ヶ崎）	上田庄三郎	1925〜1927	大地主義，教育解放
玉川学園	小原国芳	1929〜	労作，全人教育
和光学園	成城学園の一部の父母	1933〜	生活教育

（筆者作成）

これらの新学校では，校内で，あるいは学校を超えて研究会が組織され，個人研究，共同研究を重ねながら，独自のカリキュラムや教授法を開発し，その成果を出版物として公表していた．それらの研究校の研究紀要，雑誌，図書や，

講演，学校見学などは，全国の教員たちに知らせるメディアとなった．

当時の公立学校での新教育の実践は一般的には困難であったが，昭和初期にかけて，東京府の浅草区（現・台東区）富士小学校，本所区（現・墨田区）業平小学校，鳥取県の成徳小学校，上灘小学校などでは人脈がつながり実践がなされた．（以上，各実践家などに関しては，中野光の著作，とくに『学校改革の史的原像―「大正自由教育」の系譜をたどって』黎明書房，2008年が詳しい．）

ところで，戦時下の1941年には，小学校が国民学校というものに改組された．教育審議会での審議と答申を踏まえて，戦争遂行のための皇国民の錬成（練成）をめざす改革であったが，他方で以下の点に，新教育の成果が導入された．

教科の再編成　国民科，理数科，体練科，芸能科，実業科に整理された．

「綜合教授」　合科をとり入れたものとされるが，一部の学校の1，2年生だけで，行政による「周到ナル監督ノ下ニ」実践されたにすぎない．

「自然の観察」　1〜3年に下ろされた理科．第一段階は「児童身辺の自然物・自然現象・製作物に関する素朴的な考察・処理をさせ，簡易な工作を課し，自然に対する眼を開かせると共に，処理方法の初歩を指導する．」とされた．ここから始まって，次第に組織的な学習，科学的方面の考察，国民としての科学的技能の修練などに進んでいくものである．

だが，方法だけを新教育に変えても，国家的な目標に従って使われてしまえば，戦争に効率的に動員され，子供を動員させる方法に落ちぶれる．ここまでみた新教育の実践家や論者にも，次第に戦争を黙認したり賛成に転じた者が多々いる．目の前の現実生活に合わせるだけでなく，社会認識や批判意識も伴わせなければ，生活に即した教育はかえって危険な道をひらくとさえいえる．

4　第二の波　戦後民主化期の戦後新教育

アジア・太平洋戦争が敗戦に終わると，アメリカを代表とする占領軍が各地に駐留し，民主化を主導した．そこに戦前から新教育を研究・実践してきた日本の大学や学校の教員も協力しつつ，新しい教育への活動と改革が推進された．その際，世界の新教育と戦前の大正新教育とが大いに活用され，ようやく全国

各地で花開いたのである．それが戦後新教育と括られるもので，しばしば三つに分類される．

1）地域教育計画…とくに戦後初期に新設された社会科を中心に，現実の地域や生活を重視するような内容・活動の計画を，地域住民とともに構成する試み．（学校以外の社会教育・成人教育の関係者からも注目されてきた．）

2）生活単元学習…試案とされた時代の学習指導要領（1947（昭和22）年版，および1951（昭和26）年版）で示された．アメリカの新教育（進歩主義教育）論者・デューイ（John Dewey, 1859-1952）の経験主義から影響を受けて，あらゆる教科に方法として，生活・活動・経験を導入するもの．

3）コア・カリキュラム…方法だけでなく目標・内容も重視するカリキュラムの全体構成論．総合的な学習活動をコア的な課程として位置付け，コアで必要となった，および必ずしも関連しない知識・技能・態度も意図的に教える（教科にあたる）課程を関連付けたような何重にも総合的なもので，数百校に広がった．

これらはどれも教育と地域・日本の民主化をめざしつつ，学校ごとに多彩であり，どれか一つのみに位置付け可能なカリキュラムもあったが，複数を兼ねていたケースも多かった．それぞれについて見ていこう．

（1）戦後の初期社会科と地域教育計画

戦後民主化の中で新設された社会科は，直接的には学習指導要領の社会科編に示されたものであったが，（一時期のみに存在した）自由研究他が意識されたものもあった．具体的な内容としては，数々の体験，ごっこ遊び，構成活動・作業，調査，聞き取り，討論，発表・劇化といった活動が据えられた．

桜田小学校（東京都港区立）で1947年，初めて公開された研究授業「ゆうびんごっこ」（日下部志げ）が典型である．

特により発展的な社会科は，地域教育計画として括られる計画・実践であり，川口プラン（埼玉）や，本郷プラン（広島）が広く知られた．

なお，大正自由教育の新学校でもあった成城学園初等学校では，「遊び」の時間と「散歩」科というものが特設された（1946～）．高学年の「読書」科と

第1節　生活科につながる前史—新教育　25

併せて，綜合教育と呼ばれるものであった．成蹊小学校では「生活学習」を中心にすえ，生活学習課程，基礎学習課程，文化学習課程が設定された（1947～）．

(2) 生活単元学習とその問題点

戦後初期の学習指導要領（昭和22年版，および26年版）は試案と銘打たれ，「下の方からみんなの力で，いろいろと，作り上げて行く」ものとされていた．デューイの経験主義をもとにした生活単元学習（ごく初期の問題解決学習）を根拠として，社会科をその代表格に他の教科でも，新教育の実践が，全国各地の公立学校の多くでも可能とされ，推奨された．

だがその生活単元学習は問題含みでもあった．教科ごとに分化されたままの点は問わず，全ての教科に別々に，生活・経験を導入する点である．そのために，教科相互で活動・内容上の重複が出て，体験ばかりが多くなって時数が不足する，教員にも子供にも時間的・精神的な負担が増す，といった問題を各地の現場がかかえ込んだのだ．

(3) 生活単元学習批判としてのコア・カリキュラム

そこで，中心となる活動群（単元）は社会科だけに導入すべき，との提案が現われた．社会科は，知識注入の教科ではなく，上でみた地域教育計画のように，子供が動き，地域とともに作る体験・活動による教科であった．その社会科に他教科の要素を関連付けたものが，コア・カリキュラムと呼ばれるものである．当時たいへんなブームを呼び，全国各地の小学校を中心とした数百校で論議・作成・実践が試みられた．

コア（中心課程）は，太陽系の太陽やリンゴの芯にたとえられた．狭くは，当時新設された社会科を指した（理科や家庭科を含めた学校もあり）．具体的には知識の体系ではなく，ごっこ遊び，体験，作業，調査，討論，発表，劇化といった生活活動の組み合わせであって，今でいう生活科や総合的な学習に近い．

とはいえ，コア・カリキュラムとは，広くみれば，そのコアに他の教科の技能・知識・態度を有機的に関連付けて構成・実践したカリキュラムの統一性ある全体の構成を意味した．図2-1のように，しばしば二重の同心円で書き示さ

26 第2章 生活科教育の歴史

図2-1 コア・カリキュラムから三層四領域，そして分化へ（筆者作成）

れた．さらには発展して，三層四領域ということで，中心を二層に分化させた三層の長方形（下から生活実践，問題解決，系統または基礎）の形に書き換えられていった．

具体的な主題（テーマ）にもとづく生き生きとした生命・活動，体験・活動を中心にすえて，自己目的的に，連続的に展開することがポイントだが，見逃せないのは，このコアに関連付けつつ，各教科の技能・態度・知識といった多くの要素が教えられていった点である．コア・カリキュラムは特に総合的であり，この生活科に似た生活・活動を深めるだけにとどまらなかったのだ．

以上から，コア・カリキュラムとは，カリキュラム全体を見通して，探究を行うコアとして，生活単元学習の代表格である社会科（または生活指導）を（ときに地域教育計画を）据え，それだけでなく，そこで必要となった知識・技能・態度を，要素に解体しながらも習得させる全体的・総合的な計画といえる．

戦前の遺産との連続性では，コア・カリキュラムの関係校の何割かが大正新教育の実践校であった．特に奈良女子高等師範学校附属小（現奈良女子大学附属小），兵庫師範学校女子部附属小（現神戸大学附属小）など附属学校が目立ったが，一般校も数百校もあった．館山市立北条小，南足柄市立福沢小，郡山市立金透小などが，単行本を出版するなどして全国に知られた．

これらに，戦前から大正自由教育に関わったり，欧米の新教育を研究してきたりした東京高等師範学校＝東京文理科大学＝東京教育大学やその出身の研究者達（梅根悟(1903-1980)ら）が関わった．彼らのうちの何人もが文部省の官僚として新教育体制を担い，著作を発表し，講演をして全国をまわった．さらに彼らは研究団体を組織したが，その代表が1948年に結成された学校加盟中心

のコア・カリキュラム連盟（コア連）であり，1953年に日本生活教育連盟（日生連）へと，新教育を反省して改組され，現在に至る（日生連編『日本の生活教育50年』学文社，1998年）．

　コア連や日生連の人々がいわゆる統一的なカリキュラムにこだわった理由は，次のような思いからだという．すなわち，「人間は，もともと，バラバラの諸能力の寄せ木細工なのではなく，全一の統一体として生きているのだから，そういう人間を育てるというのに，それぞれなかみを別にする教科をいくつもバラバラのまま併列して教えることはおかしく，あらかじめ全体として統一構造をもつかたちにまとめて教えるべきである」という確信である（春田正治『日生連物語』民衆社，1988年，22頁）．全人教育的な発想なのである．

　とはいえ，1950年代を通じ，文部省側でも各民間教育研究団体の側でも，社会科が次第に他教科と並ぶような，普通の一教科として捉えられた．問題解決学習ほか新教育が批判され，各教科が重視され始め，系統学習論を究めるサークルが林立する．1960年代前後の高度経済成長期に入るにつれて，他の教科や教科外活動も個々バラバラに，計画・研究・実践される傾向が強まってきた．

第2節

総合学習・生活科の提案から現在へ

1　第三の波　民間側＝総合学習の特設案―1970年代という峰で

　そうした中でも，「法的拘束力」をもった学習指導要領に対抗し，「自主編成」を試みる教師たちには，1970年代中盤からは，特定の教科や領域の中ではあるが，生活，活動，問題解決，地域を重視した授業が目立ってきた．日生連他に集う教師の一部は細々と続けてきたのだが，再びこれらが教育界のキーワードとなってきた．特に高度成長期における矛盾が発覚するとともに，地域や子供の心の荒廃が問題化してきたからである．

　そうして，日本と世界の転換期といえる1970年代中盤にもう一つの大きなヤマがきた．戦前以来の遺産を継承しつつ，総合学習というものが提唱されたの

だ．日本教職員組合（日教組）の委嘱で集まった当時最高の教育学者たちと，民間教育研究団体に学んだ教師たちが，教育制度検討委員会（第一次，第二次），その間の中央教育課程検討委員会を組織して議論を深め，まとめあげた提案においてだった（日本教職員組合編『わかる授業楽しい学校を創る教育課程改革試案－中央教育課程検討委員会報告書』一ツ橋書房，1976年他）．コア連・日生連を担ってきた梅根悟は，総合学習を提案した日教組の二つの委員会の委員長を務めた．

　総合学習は，前者では各教科とも並ぶ「領域」，後者では「ひとつの教科」と位置付けられた．いずれにしても，従来の教科群とは別に特設をする点は同じであった．定義としては，その『試案』の中に，次のようにある．

　　　「個別的な教科の学習や，学級，学校内外の諸活動で獲得した知識や能力を総合して，地域や国民の現実的諸課題について，共同で学習し，その過程を通して，社会認識と自然認識の統一を深め，認識と行動の不一致をなくし，主権者としての立場の自覚を深めることをめざすもの」

　つまり，学びとった知識と諸認識，能力を，行動（活動）のもとに「総合」し，現実的な課題の解決や，できれば実際の活動化を図る学習である．

　このうち，低学年は第一階梯とされたが，そこには自然科，社会科が置かれなかった．「この学年では，国語の中の読み書きの指導・数学の量の指導，手しごとや教科外の文化活動などを通して年齢にふさわしい社会認識や自然認識の基礎も養われる」との前提になっていたのだ．

　これは1960年代以来の教科研（教育科学研究会）や歴教協（歴史教育者協議会）による「低学年社会科存廃論」を受けていた（理科に対しても同様）．ただし，かえって社会認識や自然認識の発達を重視する立場からだったことは見逃せない．低学年の未分化な発達の現実をふまえると，教科として認識を強要することが「有害な作用」を及ぼす危険があると考えられたのだ．

　以上の民間側の議論をふまえ，戦後初期にコア連の実験学校とされた和光学園（現・和光小，和光鶴川小，和光中，和光高校）は，1975年以降，総合学習を特設していった．とくに和光小は，1985年，教育課程全体を改訂する中，低学年の総合学習を「生活勉強」へと名を変えて内容や学習形態も再構成した．

2 第四の波　政策側＝生活科の学習指導要領での登場——世紀転換期前後

　以上は生活科にとっての「前検討段階」といえる．個々の事柄は生活科の新設に直接的にはつながっていないにせよ，それらに関する知識は，生活科の新設に携わった人たちがおよそ共通にもち，生活科につながっていったのだ．例えば日生連で活躍した日台利夫は，後述の生活科の作成委員会に参加した．

　文部省（2001年より文部科学省）の側の学習指導要領についても，1960年代前後の現代化に対する反省と，子供問題（落ちこぼれ，いじめ，不登校，学級崩壊など）の噴出をうけて，低学年教育を再編する動きが始まっていく．

(1)「揺籃段階」から「第一次検討段階」へ（1968年版と1977年版へ）

　これら2度の改訂に向けた中央教育審議会（中教審）や教育課程審議会（教課審）という文部省の会議で，小学校低学年に注目し，教科構成のあり方を検討する動きが始まった．だが，教科教育研究団体や校長会の反対もあってか，新教科までは見送られた．

　とはいえ1977年改訂では，低学年での「合科的な指導」をより一層充実させることは強調された．各教科を単独で授業するよりも，複数の教科を結合していった方が，それぞれの教科の目標の達成に効果的と考えられたのだ．

(2)「第二次検討段階」－研究開発学校などの成果を活かして

　続いて，総合的な新教科が，1984年の小学校低学年教育問題懇談会や，1986年における，臨時教育審議会（臨教審）の第二次答申および「小学校低学年の教育に関する調査研究協力者会議」の審議のまとめに至るまで，構想されていった．

　ここには1976年以来，文部省指定で自由な実践研究を進めてきた研究開発学校の成果も生かされていた．戦後新教育からの研究校も含まれ，生活，体験，生活体験，生活活動，活動学習，総合学習，総合的学習，生活総合学習，しぜんとくらし，環境，輪の時間など，様々な名称で試みられてきていた．私立でも，大正以来の新学校では，玉川学園の1～3年に総合科（1990～．総合学習を再編したもの），成蹊小学校の1・2年に「こみち」（1991～．生活学習，

低学年理科, 担任体育の枠を外したもの) が設置された. 国立の神戸大学教育学部附属明石幼稚園・小学校では, 総合学習として幼小連携の研究がされ (1976 〜 1992), 広島大学附属小学校の総合学習 (1974 〜) も示唆的である.

(3)「準備・実施段階」(1989年版へ) における新設

　こうしたなかで, 1989年版学習指導要領に向けての教課審を通じて, 小学校低学年の社会と理科の廃止と生活科の新設が議論され, ついに決定されたのである. 理由としては, 主に三つがあげられていた.
1) 低学年児童の発達特性 (具体的な活動や体験を通して思考する) への対応
2) 幼児期の教育と小学校教育の連続性への対応
3) 児童を取り巻く生活環境の変化への対応

　1) は低学年社会科が, 具体性を欠き, 教師の説明を中心とした教え込みになってきたこと, 低学年理科が, 子供が自ら身近なモノ, ことに働きかけ, 経験を豊富にすることが弱くなっていたことが, 認識されての反省であった.

　生活科になって加わった, 内容構成の具体的な視点は「基本的な生活習慣や生活技能」「成長への喜び」, 学習対象としては「自分のこと」であった. ちょうどこれらをめぐってこそ, 理科や社会科の関係者から批判が寄せられてきた.

　a) 活動主義. 活動や体験であれば何でもいいのか, 指導でなく支援, 見守ること, 待つことを強調し過ぎると「活動あって学びなし」とならないか, といった懸念であり,「価値ある体験」を設定することこそ大事という批判である.

　b)「関心・意欲・態度」という観点の誇張. 興味・関心をもった内容・対象だけでいいか, 自己認識を対象世界の客観的認識より強調しすぎていいものか. (91年〜の新 (しい) 学力観にも関連する)
　　思考の観点についても同じで, 自分自身や自分の生活ばかりでいいのか.

　c)「第二道徳」. 生活習慣・生活技能の形成は, 生活科や学校教育の課題なのか. (幼児期に, しつけが十分できない家庭が増えてきたにせよ.)

　d)「自立」問題. 自立は生活科だけで追求すべき目標か. 身辺的自立, 精神的自立, 経済的自立, 社会的自立などとある中で, 低学年には難しい

ものもある．学校全体，さらには家庭や地域との協働の中で追求すべき課題ではないか．

3 近年における改訂のポイント

以降では，各改訂における生活科の具体的な変化をたどっていくが，上記の批判をしっかり受け止め，乗り越えていったといえるのかを考えてみよう．

(1) 1998年版の「ゆとり」指導要領

「ゆとり」の中で特色ある教育を展開し，子供に「生きる力」の育成を基本的なねらいとした改訂．それを象徴したのが，総合的な学習の時間（1998 ～）であった．この1998年改訂で，生活科において特に強調されたのは，
1) 児童が身近な人や社会，自然と直接関わる活動や体験を重視すること
2) 直接関わる活動や体験の中で生まれる知的な気付きを大切にすること
3) 地域の環境や児童の実態に応じた教育活動を一層活発に展開すること

であった．特に2）でいう気付きの「知的」さとは，様々な驚き，感動，発見，疑問などに自然や社会の認識への芽生えを見とり，知的なものとして捉えることを指す．それらのことを認め，励ますとともに，次の活動へと誘う適切な支援をすべき，ということである．

(2) 2008年版の「確かな学力」指導要領

「生きる力」を一層重視し，その実現のために「確かな学力」「豊かな心」「健やかな体」の調和のとれた育成がめざされた．強調されたのは，
1) 気付きを質的に高めるため，体験だけで終わらせず，表現の出来映えのみをめざすものにもならないようにすること
2) 科学的な見方や考え方の基礎を養うこと（ただし，科学遊びは加筆されず）
3) 内容構成の具体的視点に加えられたのは，地域への愛着，安全教育，および生命の尊さや自然事象についての体験的な学習を重視すること，そして言語活動やコミュニケーションの充実のための，生活や出来事の交流である．

4）幼児教育と小学校との具体的な連携を図ること（学習指導要領『解説』にスタートカリキュラムというものが登場した.）

(3) 2017 年版，3 本柱と資質・能力の指導要領

「知識及び技能」,「思考力, 判断力, 表現力等」,「学びに向かう力, 人間性等」の三つの柱に沿った育成すべき資質・能力の明確化がされた. 方法としては「主体的・対話的で深い学び」が強調された. ねらいに関する改訂点に注目すると,

1）三つの柱に沿ってねらいも書き換えられた影響か,「自立への基礎」との表現は消滅した. 他方で「生活を豊かにしていくための資質・能力」ということで, 生活が目的の概念として示された.
2）「身近な生活に関わる見方・考え方を生かし」ということで, 他の教科にも加わったと同じ「見方・考え方」という表現が加わった.
3）「表現する」こと,「意欲や自信をもって学んだり生活を豊かにしたりしようとする態度」などが加わった.

なお, この学習指導要領で改めて強調されたのは, 前々から総合的と並んでキーワードとされてきた, 横断的カリキュラムというものである. あるテーマをもって, 複数の教科・領域をまたいで単元を組むような, カリキュラム・マネジメントの一つであるが, 生活科では前々から行われてきたものなのだ.

おわりに　生活科の歴史的特徴と今後の課題

以上を通じて, 生活科で言う生活の特徴は「未分化」的生活, すなわち生活経験や生活活動そのものを, 教科に分化する前の未分化なものとして展開するもの, として見えてくる. 生活科とは, 他の教科が分化（分科）してくる前に, 生活・活動を豊かに展開し, そこから教科を分化させていくような未分化な源泉なのである. 遊び中心の方針をとる幼稚園・保育所・こども園等に, 近いものがある.

よって, 生活科とは,「一教科内」での手段的生活とも, 総合的な学習の時間のような自己目的的「特設」とも異なっている. 他方で, 複合的「横断」へ

と広く展開していくことが課題となっており，こうしたカリキュラムの先駆としてヒントになるのが，戦後初期のコア・カリキュラムであろう．

参照文献
梅根悟『梅根悟教育著作選集』全 8 巻，明治図書，1977年．
鎌倉博，船越勝編著『新しい教職教育講座　教科教育編 5　生活科教育』ミネルヴァ書房，2018年．
川合章『生活教育の100年』星林社，2000年．
教育科学研究会，臼井嘉一，三石初雄編『生活科を創りかえる』国土社，1992年．
金馬国晴，安井一郎編『戦後初期コア・カリキュラム研究資料集』東日本編，全3巻，クロスカルチャー出版，2018年．(西日本編2019年，附属校編2020年，中学校編2021年)
中野光『大正自由教育の研究』黎明書房，1968年（再刊1998年）．
中野重人『生活科のロマン』東洋館出版社，1996年．
水越敏行，吉本均編著『生活科と低学年カリキュラム』ぎょうせい，1993年．
吉冨芳正，田村学『新教科誕生の軌跡―生活科の形成過程に関する研究』東洋館出版社，2014年．

第3章
生活科の目標

第1節
教科目標の変遷

1　1989（平成元）年版学習指導要領における教科目標

　生活科は，1989（平成元）年文部省告示「小学校学習指導要領」において創設された教科である．その目標はどのようなものであったのだろうか．創設時の生活科の教科目標は次のとおりである．

> 　具体的な活動や体験を通して，自分と身近な社会及び自然とのかかわりに関心をもち，自分自身や自分の生活について考えさせるとともに，その過程において生活上必要な習慣や技能を身に付けさせ，自立への基礎を養う．

　この目標に示された一つ一つの言葉やその意味内容の全体が，生活科の特質であり存在意義である．したがって，生活科の原点である創設時の教科目標は，後に教科目標の表現方法や形式が変わったとしても必ず確認されるべきものであろう．

　当時の文部省の解説本である『小学校指導書　生活編』（教育出版，1989年）によれば，この目標には四つの視点と究極的なねらい（目標）が掲げてある．「具体的な活動や体験を通すこと」「自分と身近な社会や自然とのかかわりに関心をもつこと」「自分自身や自分の生活について考えること」「生活上必要な習慣や技能を身に付けること」という四つの視点と，「自立への基礎を養う」とい

う究極的な目標である．小学校低学年児童の発達に応じて，今日的な環境の変化による直接体験の減少も考慮しつつ，環境と自分との関わりや自分自身及び自分の生活について体験的，総合的に学び，自立へと向かう教科なのである．

2　1998（平成10）年版及び2008（平成20）年版学習指導要領における教科目標

生活科にとって初めての改訂となった1998（平成10）年文部省告示「小学校学習指導要領」における生活科の教科目標は次のとおりである．

> 具体的な活動や体験を通して，自分と身近な人々，社会及び自然とのかかわりに関心をもち，自分自身や自分の生活について考えさせるとともに，その過程において生活上必要な習慣や技能を身に付けさせ，自立への基礎を養う．

変更点は，従前の「自分と身近な社会及び自然とのかかわり」が「自分と身近な人々，社会及び自然とのかかわり」となっている点である．「人々」が加えられたのは，「身近な人々とのかかわりを重視」（文部省『小学校学習指導要領解説　生活編』（日本文教出版，1999年）した改善であると解説されている．

なお，2008（平成20）年版学習指導要領における教科目標については，新たな変更はなく，1998（平成10）年版と全く同様の記述となっている．

第2節
2017（平成29）年版学習指導要領における教科目標

1　教科目標の構造と資質・能力の育成

2017（平成29）年文部科学省告示「小学校学習指導要領」における生活科の教科目標は，従前とは相当異なる形となっている．まず，次のような一文が示されている．

具体的な活動や体験を通して，身近な生活に関わる見方・考え方を生かし，自立し生活を豊かにしていくための資質・能力を次のとおり育成することを目指す．

これに続いて，育成を目指す資質・能力に関して次のように示されている．

(1) 活動や体験の過程において，自分自身，身近な人々，社会及び自然の特徴やよさ，それらの関わり等に気付くとともに，生活上必要な習慣や技能を身に付けるようにする．
(2) 身近な人々，社会及び自然を自分との関わりで捉え，自分自身や自分の生活について考え，表現することができるようにする．
(3) 身近な人々，社会及び自然に自ら働きかけ，意欲や自信をもって学んだり生活を豊かにしたりしようとする態度を養う．

　このように生活科の教科目標における(1)は「知識及び技能の基礎」，(2)は「思考力，判断力，表現力等の基礎」，(3)は「学びに向かう力，人間性等」という資質・能力に関して示されたものである．

　上記のとおり2017（平成29）年版学習指導要領では，生活科の教科目標が，最初に一文が置かれ，続いて資質・能力が三つの柱で記述されるという構造で示されている．このような新しい教科目標の構造は，生活科だけでなく各教科共通のものである．共通の構造となったことで，各教科の特質や資質・能力が教科横断的に捉えやすくなるとともに，幼児期や小学校中学年以降とのつながりもわかりやすくなっている．

　これからの社会は急激に変貌し，新しい課題が次々と生まれると予想される．新しい課題は，複雑で，地球規模で関係し，人類の生存にも関わる重要なものばかりであろう．しかし，特定の答えは存在せず，答えは創り出していくしかない．そのような世の中で生き，それぞれの自己実現を図りながらよりよい社会を創造する子供たちをどのように育成すればよいのか．小学校低学年児童が学ぶ生活科にはどのような役割があるのか．このような問いを背景にして，資質・能力で再構成された教科目標が示されている．

2 キーワードの読解

　生活科の教科目標には，生活科を特徴づける重要な言葉が用いられている．ここでは，文部科学省『小学校学習指導要領解説　生活編』（東洋館出版社，2018年）の記述を参照し，キーワードのいくつかについて説明する．

①**具体的な活動や体験**

　「具体的な活動や体験」は，対象に直接働きかける学習活動であり，例えば，見る，聞く，触れる，作る，探す，育てる，遊ぶなどの活動である．また，活動の楽しさや気付いたことなどを言葉，絵，動作，劇化などの多様な方法によって表現する学習活動も「具体的な活動や体験」である．生活科において「具体的な活動や体験を通して」学ぶということは，教科目標の冒頭に示されているとおり，生活科の大前提であり最も中心的な特質であるといえよう．

②**身近な生活に関する見方・考え方**

　「身近な生活に関する見方・考え方」とは，生活科に固有の物事を捉える視点やそれに基づいて思考するときの考え方である．具体的には，身近な人々，社会及び自然を自分との関わりで捉え，よりよい生活に向けて思いや願いを実現しようとすることである．

③**自立**

　生活科でいう「自立」は，従前より，学習上の自立，生活上の自立，精神的な自立で解説されており，今回の改訂でもその捉えに変更はない．幼児期の教育で育まれたことを基礎にしながら，将来の自立に向けてその度合いを高めていくことであると考えられる．

④**生活を豊かにしていくこと**

　「生活を豊かにしていく」とは，生活科の学びを実社会や実生活に生かし，よりよい生活を創造していくことである．それは，児童がまだできないことやしたことがないことに自ら取り組み，自分でできることが増えたり活動の範囲が広がったりして自分自身が成長することでもある．「自立し生活を豊かにしていく」ことが，生活科における究極的な児童の姿とされている．

⑤自分自身，身近な人々，社会及び自然の特徴やよさ，それらの関わり等

　「自分自身，身近な人々，社会及び自然の特徴やよさ」は，自分自身，身近な人々，社会及び自然がもっている固有な特徴や本質的な価値である．それらは多様に関わり環境を構成している．生活科においては，児童が，自分自身や環境の特徴やよさ，関わり等に気付くことを示している．

⑥生活上必要な習慣や技能

　ここでいう「生活上必要な習慣や技能」とは，健康や安全に関わること，みんなで生活するためのきまりに関わること，言葉遣いや身体の振る舞いに関わることなどの習慣，手や体を使うこと，様々な道具を使うことなどの技能であり，習慣と技能は切り離すことのできない関係にある．これらの習慣や技能は特別に取り出して指導するのではなく，思いや願いを実現する生活科の学習の過程や日常生活の流れの中で繰り返されることで身に付いていくようにすることが大切である．

⑦考え，表現すること

　「考え，表現する」とは，自分自身や自分の生活について考えたり表現したりすることである．生活科では，考えたことを表現したり，表現しながら考えたり，表現の結果から考えたりするなど，思考や判断，表現が一体的に行われたり繰り返されたりするのである．具体的な活動や体験から生まれる気付きも，このような過程においてその質が高まり，主体的・対話的で深い学びが実現すると考えられる．

⑧意欲や自信

　ここでいう「意欲」とは，自らの思いや願いを明確にして，進んで学んだり生活を豊かにしたりしたいと思う気持ちである．また，「自信」とは，自分は学んだり生活を豊かにしたりすることができると信じることである．このような意欲や自信が，学びに向かう力や人間性等につながるのである．

3 生活科の教科目標と学校段階等間の円滑な接続

　2017（平成29）年の「小学校学習指導要領」では，学校段階等間の円滑な接続が強調されている．生活科は，幼児期の教育と小学校教育の円滑な接続において中心的な役割を果たす教科である．したがって，教科目標の理解に当たっては，幼稚園教育要領等に示された資質・能力や幼児期の終わりまでに育ってほしい10の姿を参照しつつ理解を深めていく必要がある．2017（平成29）年文部科学省告示「幼稚園教育要領」には，次のような資質・能力を一体的に育むよう努めることが示されている．

> (1) 豊かな体験を通じて，感じたり，気付いたり，分かったり，できるようになったりする「知識及び技能の基礎」
> (2) 気付いたことや，できるようになったことなどを使い，考えたり，試したり，工夫したり，表現したりする「思考力，判断力，表現力等の基礎」
> (3) 心情，意欲，態度が育つ中で，よりよい生活を営もうとする「学びに向かう力，人間性等」

　また，幼児期の終わりまでに育ってほしい姿は，次の10の項目で示されている．

> (1) 健康な心と体　　　　　　　　(2) 自立心
> (3) 協同性　　　　　　　　　　　(4) 道徳性・規範意識の芽生え
> (5) 社会生活との関わり　　　　　(6) 思考力の芽生え
> (7) 自然との関わり・生命尊重
> (8) 数量や図形，標識や文字などへの関心・感覚
> (9) 言葉による伝え合い　　　　　(10) 豊かな感性と表現

　一方，生活科は小学校中学年以降の「総合的な学習の時間」や各教科につながっていくものである．例えば「総合的な学習の時間」の目標は次のように示されている．

> 探究的な見方・考え方を働かせ，横断的・総合的な学習を行うことを通して，よりよく課題を解決し，自己の生き方を考えていくための資質・能力を次のとおり育成することを目指す．
> (1) 探究的な学習の過程において，課題の解決に必要な知識及び技能を身に付け，課題に関わる概念を形成し，探究的な学習のよさを理解するようにする．
> (2) 実社会や実生活の中から問いを見いだし，自分で課題を立て，情報を集め，整理・分析して，まとめ・表現することができるようにする．
> (3) 探究的な学習に主体的・協働的に取り組むとともに，互いのよさを生かしながら，積極的に社会に参画しようとする態度を養う．

この目標から，「総合的な学習の時間」が，横断的・総合的であること，実社会や実生活と関係付くこと，探究的な学習の過程が重要であること，自己・自分が位置付くことなど，生活科と共通するいろいろな特質をもつことを確認することができる．

第3節

各学年の目標とその構成

1　各学年の目標

生活科は小学校の第1学年及び第2学年に置かれた教科である．ただ，「各学年の目標及び内容」は，第1学年と第2学年をまとめ，2学年間を見通して設定されている．小学校低学年の児童が具体的な活動や体験を通して思考するという発達上の特徴があることや，生活科では児童の生活圏を学習の対象や場として直接体験を行うなどの背景によるものである．

2017（平成29）年の改訂では、教科目標の書き方が大きく変更されたことにより，各学年の目標も次のように大きく変更されている．

> (1) 学校，家庭及び地域の生活に関わることを通して，自分と身近な人々，社会及び自然との関わりについて考えることができ，それらのよさやすばらしさ，自分との関わりに気付き，地域に愛着をもち自然を大切にしたり，集団や社会の一員として安全で適切な行動をしたりするようにする．
>
> (2) 身近な人々，社会及び自然と触れ合ったり関わったりすることを通して，それらを工夫したり楽しんだりすることができ，活動のよさや大切さに気付き，自分たちの遊びや生活をよりよくするようにする．
>
> (3) 自分自身を見つめることを通して，自分の生活や成長，身近な人々の支えについて考えることができ，自分のよさや可能性に気付き，意欲と自信をもって生活するようにする．

2 各学年の目標の構成

　各学年の目標は，(1)〜(3)の3項目で示され，各学年の内容(1)〜(9)との関係が明確にされている．

　各学年の目標の(1)は〔学校，家庭及び地域の生活に関する内容〕（内容(1)(2)(3)）に関する目標である．同様に(2)は〔身近な人々，社会及び自然と関わる活動に関する内容〕（内容(4)(5)(6)(7)(8)）に関する目標である．(3)は直接的には〔自分自身の生活や成長に関する内容〕（内容(9)）に関する目標である．ただし，内容の(9)が生活科の中核的な内容であることから，各学年の目標の(3)は，内容の(1)〜(8)とも関連することに留意しなければならない．

　各学年の目標の3項目はそれぞれ一文で示されており，いずれも次の四つの部分で構成されている．①学習対象や学習活動，②思考力，判断力，表現力等の基礎に関すること，③知識及び技能の基礎に関すること，④学びに向かう力，人間性等に関することである．それぞれの項目において，どんな学習対象や学習活動を通して，三つの資質・能力が育成されるのかを一文で示している．育成を目指す資質・能力がばらばらのものではなく，相互に関連付き一体的に育成されるものであることを示しているのである．

各学年の目標を，2008（平成20）年版学習指導要領において示された各学年の目標(1)～(4)の記述と比べると，このうち(1)～(3)については，2017（平成30）年版学習指導要領の各学年の目標に包含された形になっている．従来の(4)に示されていた生活科特有の学び方に関することについては，2017（平成29）年版学習指導要領の「第3　指導計画の作成と内容の取扱い」の2の(2)において示されている．

参考文献

文部省『小学校指導書　生活編』教育出版，1989年.
文部省『小学校学習指導要領解説　生活編』日本文教出版，1999年.
朝倉淳『子どもの気付きを拡大・深化させる生活科の授業原理』風間書房，2008年.
文部科学省『小学校学習指導要領解説　生活編』日本文教出版，2008年.
文部科学省『小学校学習指導要領解説　生活編』東洋館出版社，2018年.
朝倉淳編著『平成29年改訂　小学校教育課程実践講座　生活』ぎょうせい，2018年.

第4章
生活科の内容

第1節
9項目の内容

　生活科では，どのような資質・能力を育成するのか．その具体を明らかにしたものが，9項目の内容である．2017年の『小学校学習指導要領解説　生活編』では，表4-1のようになっている．

表4-1　2017年版生活科の内容

(1) 学校と生活	(4) 公共物や公共施設の利用	(7) 動植物の飼育・栽培
(2) 家庭と生活	(5) 季節の変化と生活	(8) 生活や出来事の伝え合い
(3) 地域と生活	(6) 自然や物を使った遊び	(9) 自分の成長

　1989年の段階では，第1学年と第2学年に関して，各6項目の内容が示されていた．その後，1998年の学習指導要領改訂において，2学年をまとめる形に整理・統合され8項目となった．これによって，子供の発達や興味・関心に応じた柔軟な内容選択を行うことが可能となった．2008年の学習指導要領改訂では，「生活や出来事の交流」が加えられ，9項目に再構成された．「人との関わりが希薄化している」という社会状況を踏まえて，「身近な幼児や高齢者，障害のある児童生徒など」と交流し，「社会の一員としてだれとでも仲良く生活できるようになる」ことが意図された．2017年の改訂では，(8)「生活や出来事の伝え合い」と文言の修正が図られた．

　今回の学習指導要領は，「戦後最大の改訂」とも言われる．しかしながら，生活科の内容項目には大きな変化が見られない．生活科の創設以来，基本的な

内容は一貫している．なぜ，9項目から生活科の内容は構成されているのだろうか．生活科の内容構成の要点と背景を検討してみよう．

第2節

内容構成の要点

1　11の具体的な視点

2017年の『小学校学習指導要領解説　生活編』では，表4-2のような11の具体的な視点が用意されている．これは，各内容において子供に育成を目指す資質・能力を表したものと言える．

表4-2　生活科内容構成の11の具体的な視点

ア	健康で安全な生活	キ	身近な自然との触れ合い
イ	身近な人々との接し方	ク	時間と季節
ウ	地域への愛着	ケ	遊びの工夫
エ	公共の意識とマナー	コ	成長への喜び
オ	生産と消費	サ	基本的な生活習慣や生活技能
カ	情報と交流		

　従来，具体的な視点の上位概念として，三つの基本的な視点「自分と人や社会とのかかわり」「自分と自然とのかかわり」「自分自身」が明示されていた．2017年の学習指導要領改訂では，そのコンセプトは残しつつも，「基本的な視点」が『解説』の文章中から削除されている．生活科では，子供自身の思いや願いを実現していくこと（自分との関わり）が学習の中心となる．その過程において，子供が環境（「人や社会」「自然」）と関わることを大切にしている．「自分と人や社会とのかかわり」が社会科の内容であり，「自分と自然とのかかわり」が理科の内容であり，生活科は両教科の合科といった誤解が見られる．生活科は，子供たちが身近な環境と関わる中で，自己実現を目指す教科である．この点を再確認しておきたい．したがって，基本的な視点の「自分と人や社会との

かかわり」「自分と自然とのかかわり」「自分自身」は，不可分のものとして，各内容の根底に位置付くことになった．

また，ケ「遊びの工夫」にみられるように，遊びを学習として認め，内容構成に位置付けている．このことも，生活科創設期から一貫している．

教師には，具体的な視点に明示されたような資質・能力を見通しながら，子供が思いや願いを実現していく過程として，活動を構成することが求められている．なお，具体的な視点は「児童や学習環境の変化，社会的要請の変化などにより，その都度若干の変更が加えられることが考えられる」とも述べられている．

2　15の学習対象

11の具体的な視点を踏まえて，「低学年の児童に関わってほしい学習対象」が整理されている．2017年の『小学校学習指導要領解説　生活編』でも，表4-3に示すような15の学習対象が明示された．これらは，教師が実際の学習材を選定する手がかりとなる．

表4-3　生活科内容構成の15の学習対象

①学校の施設	⑥家庭	⑪身近な自然
②学校で働く人	⑦地域で生活したり働いたりしている人	⑫身近にある物
③友達	⑧公共物	⑬動物
④通学路	⑨公共施設	⑭植物
⑤家族	⑩地域の行事・出来事	⑮自分のこと

生活科の内容は，11の具体的な視点と15の学習対象をもとに構成される．その全体像は，図4-1のように3階層となっている．

3　内容の全体像

第1階層は，「学校，家庭及び地域の生活に関する内容」である．内容項目（1）

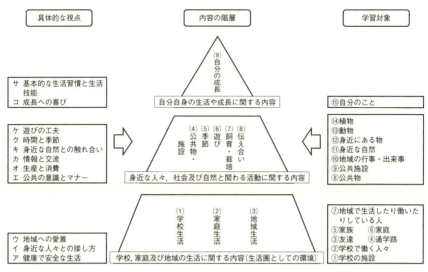

図 4-1 生活科内容構成の全体像

「学校と生活」(2)「家庭と生活」(3)「地域と生活」が位置付く．児童が日々の生活を送る「身の回りの環境や地域」が土台になっている．こうした内容において，具体的な視点のア「健康で安全な生活」イ「身近な人々との接し方」ウ「地域への愛着」といった子供の資質・能力の育成が目指されている．例えば，アは「健康や安全に気を付けて，友達と遊んだり，学校に通ったり，規則正しく生活したりすることができるようにする」といったことである．学習対象としては，①「学校の施設」②「学校で働く人」③「友達」④「通学路」⑤「家族」⑥「家庭」⑦「地域で生活したり働いたりしている人」が想定されている．

第2階層は，「身近な人々，社会及び自然と関わる活動に関する内容」である内容項目(4)「公共物や公共施設の利用」(5)「季節の変化と生活」(6)「自然や物を使った遊び」(7)「動植物の飼育・栽培」(8)「生活や出来事の伝え合い」が位置付く．児童が自らの生活を豊かにしていく上で，「低学年の時期に体験させておきたい活動」になっている．こうした内容において，具体的な視点のエ「公共の意識とマナー」オ「生産と消費」カ「情報と交流」キ「身近な

自然との触れ合い」ク「時間と季節」ケ「遊びの工夫」といった子供の資質・能力の育成が目指されている．例えば，オは「身近にある物を利用して作ったり，繰り返し大切に使ったりすることができるように」したり，カ「様々な手段を適切に使って直接的間接的に情報を伝え合いながら，身近な人々と関わったり交流したりできように」することや，ク「一日の生活時間や季節の移り変わりを生かして，生活を工夫したり楽しくしたりすることができるようにする」といったことである．学習対象としては，⑧「公共物」⑨「公共施設」⑩「地域の行事・出来事」⑪「身近な自然」⑫「身近にある物」⑬「動物」⑭「植物」が想定されている．

　第3階層は，「自分自身の生活や成長に関する内容」である．内容項目(9)「自分の成長」が位置付く．生活科の学習活動の全体と関連したものとされる．こうした内容において，具体的な視点のコ「成長への喜び」サ「基本的な生活習慣や生活技能」を体得させていくことが目指される．例えば，コは「自分でできるようになったことや生活で自分の役割が増えたことなどを喜び，自分の成長を支えてくれた人々に感謝の気持ちをもつことができるようにする」といったことである．この階層は，「一つの内容だけで独立した単元の構成も考えられるし，他の全ての内容と関連させて単元を構成することも考えられる」と明記されている．学習対象としては，⑮「自分のこと」が想定されている．

　九つの内容は，3階層に分かれているが，それぞれ分断している訳ではない．階層を超えて，複合的な単元を構成することも可能である．

　生活科では，活動は「目標でも内容でも方法でもある」と言われる．生活科は，社会科や理科のように，地理学や物理学といった人文・社会科学や自然科学の学問体系に依拠し，それを学習させるといった内容教科ではない．身近な環境（学校・家庭・地域）において活動する中で，子供自身が，活動の目的（思いや願い）や内容を創り出していく教科である．経験主義，構成主義的な発想を持っている．子供たちが，自ら問題を発見し，対象と関わる中で自己の思いや願いの実現（自己実現）を目指すものとなっている．

4 内容の全体構成

表4-4 生活科の内容の全体構成

階層	内容	学習対象・学習活動等	思考力, 判断力, 表現力等の基礎	知識及び技能の基礎	学びに向かう力, 人間性等
学校、家庭及び地域の生活に関する内容	(1)	・学校生活に関わる活動を行う	・学校の施設の様子や学校生活を支えている人々や友達, 通学路の様子やその安全を守っている人々などについて考える	・学校での生活は様々な人や施設と関わっていることが分かる	・楽しく安心して遊びや生活をしたり, 安全な登下校をしたりしようとする
	(2)	・家庭生活に関わる活動を行う	・家庭における家族のことや自分でできることなどについて考える	・家庭での生活は互いに支え合っていることが分かる	・自分の役割を積極的に果たしたり, 規則正しく健康に気をつけて生活したりしようとする
	(3)	・地域に関わる活動を行う	・地域の場所やそこで生活したり働いたりしている人々について考える	・自分たちの生活は様々な人や場所と関わっていることが分かる	・それらに親しみや愛着をもち, 適切に接したり安全に生活したりしようとする
身近な人々、社会及び自然と関わる活動に関する内容	(4)	・公共物や公共施設を利用する活動を行う	・それらのよさを感じたり働きを捉えたりする	・身の回りにはみんなで使うものがあることやそれらを支えている人々がいることが分かる	・それらを大切にし, 安全に気を付けて正しく利用しようとする
	(5)	・身近な自然を観察したり, 季節や地域の行事に関わったりするなどの活動を行う	・それらの違いや特徴を見付ける	・自然の様子や四季の変化, 季節によって生活の様子が変わることに気付く	・それらを取り入れ自分の生活を楽しくしようとする
	(6)	・身近な自然を利用したり, 身近にある物を使ったりするなどして遊ぶ活動を行う	・遊びや遊びに使う物を工夫してつくる	・その面白さや自然の不思議さに気付く	・みんなと楽しみながら遊びを創り出そうとする
	(7)	・動物を飼ったり植物を育てたりする活動を行う	・それらの育つ場所, 変化や成長の様子に関心をもって働きかける	・それらは生命をもっていることや成長していることに気付く	・生き物への親しみをもち, 大切にしようとする
	(8)	・自分たちの生活や地域の出来事を身近な人々と伝え合う活動を行う	・相手のことを想像したり伝えたいことや伝え方を選んだりする	・身近な人々と関わることのよさや楽しさが分かる	・進んで触れ合い交流しようとする
自分自身の生活や成長に関する内容	(9)	・自分自身の生活や成長を振り返る活動を行う	・自分のことや支えてくれた人々について考える	・自分が大きくなったこと, 自分でできるようになったこと, 役割が増えたことなどが分かる	・これまでの生活や成長を支えてくれた人々に感謝の気持ちをもち, これからの成長の願いをもって, 意欲的に生活しようとする

(出典：文部科学省『小学校学習指導要領解説 生活編』http://www.mext.go.jp/component/a_menu/education/micro_detail/__icsFiles/afieldfile/2018/05/0-7/1387017_6_3.pdf)

生活科では，「低学年の児童に，よき生活者としての資質・能力を育成していく」ことが目指されている．それは，体験したり，関わったり，遊んだりする中で，子供たちが体得していくと考えられている．2017年の学習指導要領改訂では，各内容項目において，「具体的な活動や体験を通じて，どのような『思考力，判断力，表現力等』の育成を目指すのかが具体的になるよう」見直しが図られた．それに伴い，各内容項目の記述も四つの要素によって整理された．第一は，「児童が直接関わる学習対象や実際に行われる学習活動等」である．「～を通して」と記述されている．第二は，「思考力，判断力，表現力等の基礎」である．「～ができ」と記述されている．第三は，「知識及び技能の基礎」である．「～が分かり・に気付き」と記述されている．第四は，「学びに向かう力，人間性等」である．「～しようとする」と記述されている．

例えば，「学校，家庭及び地域の生活に関する内容」の項目(1)「学校と生活」の構成は，図4-2のように示すことができる．ここでは，「学校生活に関わる活動」が中心となる．この活動の中で，「思考力，判断力，表現力等の基礎」は「学校の施設の様子や学校生活を支えている人々や友達，通学路の様子やその安全を守っている人々などについて考える」．「知識及び技能の基礎」は，「学校での生活は様々な人々や施設と関わっていることが分かる」．「学びに向かう力，人間性等」は，「楽しく安心して遊びや生活をしたり，安全な登下校をしたりしようとする」ことが目指されている．従来，「知的な気付き」といった生活科固有の用語に含まれていた複数の要素が整理されたと言える．また，「安心」や「安全」といった文言が見られるが，小学校低学年のカリキュラムを構

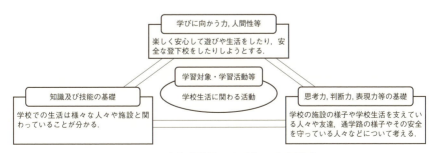

図4-2 (1)「学校と生活」の内容構成

成していく上で，鍵となる視点である．内容の取扱いでは，「学校での自分の生活を豊かに広げていくという視点に立って，児童が常に学校での自分の生活をよりよくしていこうとする意識をもち続けられるよう工夫する」とされており，生活科の内容構成においては，子供自身の自己実現が中心にあることがわかる．

生活科は，従来から合科的な指導や他教科等との関連的な指導を打ち出してきた．2017年の学習指導要領改訂では，教育課程全体の整理が進んだことにより，教科間の連携が一層期待されている．また，生活科の内容は，スタートカリキュラムの中心となるものであり，幼児教育との接続の視点も含みこまれている．

第3節

内容構成の背景と生活科の本質

1　内容構成の背景

生活科は，子供たちが，「自立し生活を豊かにしていく」ことに向けて，学習内容が構成される．その内容は，創設以前の小学校低学年の社会科と理科を部分的に引き継いでいる．しかしながら，生活科は，社会科と理科が統合した教科ではない．

表4-5のように低学年社会科（1989年廃止）は，「農業や漁業の工夫と努力」といったように，社会事象の理解を目的とした内容構成になっていたことがわかる．では，生活科は何を内容構成の原理としているのだろうか．

表4-1の内容項目(3)「地域と生活」に注目しよう．1977年の学習指導要領(社会科)と1989年・2017年の学習指導要領（生活科）の内容を比較したものが，表4-6である．

1977年の低学年社会科では，「日常生活に見られる職業としての仕事」を理解することが目指されている．この他の内容においても，社会事象をできるだけ客観的に捉えていくものとなっている．それに対して，1989年以降の生活科では，

表4-5 小学校低学年の社会科（1977年学習指導要領）の内容

第1学年	第2学年
(1) 学校の先生と職員の仕事	(1) 職業と販売の工夫
(2) 学校や公園の道具や施設	(2) 農業や漁業の工夫と努力
(3) 学校と通学路の位置と安全	(3) 工場での分担と協力
(4) 家族の仕事と水道・電気・ガス	(4) 乗り物で働く人々
(5) 自分の成長と家庭生活・季節	(5) 郵便物の集配に携わる人々

（出典：永田忠道「生活科の内容構成」小原友行・朝倉淳共編著『生活科教育　改訂新版』学術図書出版社，2010年，p.40.）

表4-6 「地域と生活」に関する典型的な内容

1977年 (社会科)	(1) 日常生活に見られる職業としての仕事を整理するとともに，小売店の人々は客が品物を買いやすいように販売の上でいろいろ工夫していることに気付かせる．
1989年 (生活科)	(1) 自分たちの生活は近所の人や店の人など多くの人々とかかわっていることが分かり，日常生活に必要な買い物や使いをしたり，手紙や電話などで必要なことを伝えたりするとともに，人々と適切に応対することができるようにする．
2017年 (生活科)	(3) 地域に関わる活動を通して，地域の場所やそこで生活したり働いたりしている人々について考えることができ，自分たちの生活は様々な人や場所と関わっていることが分かり，それらに親しみや愛着をもち，適切に接したり安全に生活したりしようとする．

「自分たちの生活」が主語となっている．子供自身が，自己の生活を見つめ直し，再発見していく内容となっている．また，創設期には，「日常生活に必要な買い物」といった「生活技能」の側面が色濃く出ている．その後，学習指導要領の改訂を経る中で，現在のような知的な側面を含みこんだ内容が形作られてきた．

生活科は，「地域と生活」や「飼育・栽培」といった内容を理解させることに目的があるのではない．生活科では，子供たちが，人々や社会事象，自然事象に関わること自体に意味が見出されている．子供たちが，自分づくりをしていく上で，身近な生活を見つめ直すことは，その出発点となる．こうした背景から生活科の内容は子供を中心に構成されている．生活科と社会科・理科は，同一の学習対象を扱うことも多いが，その扱い方や位置付けといった内容構成の原理が異なる．生活科は，子供自身の思いや願いを中心として，社会や自然

を一体的に取り扱うものとなっている．したがって，生活科と第3学年以降の社会科・理科の接続を考える上では，こうした相違にも留意する必要がある．

2　生活科の本質と子供

　生活科の内容は，2017年の『小学校学習指導要領解説　生活編』では，9項目（(1)—(9)）の内容，11（ア—サ）の具体的な視点，15（①—⑮）の学習対象が示されるとともに，各内容について「児童が直接関わる学習対象や実際に行われる学習活動」「思考力，判断力，表現力等の基礎」「知識及び技能の基礎」「学びに向かう力，人間性等」の四つが構造的に組み込まれた．これによって，各内容で育成しようとする資質・能力が明確になった．こうした状況下だからこそ，生活科は"子供に始まる"といった原点を確認しておきたい．生活科は，子供の思いや願いを実現していく過程として年間計画や単元が設計される．今回の改訂では，資質・能力が整理され，各内容に関する記述が大幅に加筆された．このことは，生活科の年間計画や単元を構成していく上で，示唆に富む．しかし，それと同時に生活科実践が画一化していく危うさも含んでいる．各教師や各学校において，目の前の子供を取り巻く生活環境の把握，子供の発達特性の理解を行うことによって，学習内容および活動を設定していくことが，改めて求められる．

参考文献
片上宗二編著『オープンエンド化による生活科授業の創造』明治図書，1995年．
小原友行・朝倉淳共編著『生活科教育　改訂新版』学術図書出版社，2010年．
中野重人『生活科実践の基礎・基本』明治図書，1990年．
文部科学省『小学校学習指導要領解説　生活編』東洋館出版社，2018年．
吉冨芳正・田村学『新教科誕生の軌跡』東洋館出版社，2014年．

第5章
幼小の接続と生活科

第1節
生活科新設と幼小の接続

　1989（平成元）年『小学校指導書　生活編』によれば，生活科新設の趣旨とねらいの一つが「低学年児童には具体的な活動を通して思考するという発達上の特徴がみられるので，直接体験を重視した学習活動を展開し，意欲的に学習や生活をさせるようにする．」ことであった．

　低学年の子供の発達は幼稚園の年長児から小学校中・高学年への過渡期的な段階にあり，具体的な活動を通して考えたり判断したり感じたりするという発達上の特性が見られる．それゆえ，遊びや生活を通して総合的に学ぶという幼児期の教育との関連も考慮して，低学年では直接体験に重点を置く学習活動の展開が，教育的に効果があると考えられたのである．

　日本の幼児期の教育では幼稚園と保育所とは制度的に異なり，また，幼児期の教育と小学校教育は，その理念や内容・方法においてだけでなく，一般の人と教育関係者の意識においても連続しているとは言えなかった．幼児期の教育では遊びを中心に活動が展開されているが，小学校に入ると教科学習が中心となり，その教育的乖離が指摘された．この隔たりを埋める一つの方策として，低学年における教科として生活科が新設されたのである．

　遊びは，子供が最も素直に関わる活動である．特に，課題意識を抱いて遊ぶ時に，子供は夢中になって遊ぶ．思いや願いをもって取り組む活動を実現するために，子供は対象に働きかける方法や，友達との協力の仕方を工夫する．こうして子供は，自分にできると考えた事柄を実際に試してみるし，また，友達

との関わり方をさらに学んでいく．その結果，課題を成し遂げた時に味わう喜びや成功の感激は極めて大きいのである（文部省『小学校指導書　生活編』，教育出版，1989年，pp.55～56）．小学校の教科である生活科において遊びを学習として認めたことは画期的であった．

第 2 節

小 1 プロブレムとスタートカリキュラム

　1990年代の終わり頃から，小学校 1 年生のクラスで，子供たちが授業中に立ち歩く，先生の話を聞かない，勝手にトイレに行ったりしゃべったりする，すぐにパニックになる等の問題が教育現場で顕在化するようになった．当初，この現象は学級崩壊の低年齢化と解釈される傾向があったが，その後の調査や研究が進む中で，小学校 1 年生での問題は高学年のものとは異なる要因によるものではないかと考えられ，小 1 プロブレムと呼ばれるようになった．小 1 プロブレムが全国各地で深刻な教育問題としてクローズアップされるようになり，文部科学省でもその対策を検討し実施するようになる．

　2001年 3 月に文部科学省は「幼児教育振興プログラム」において，幼稚園教育と小学校教育との間の円滑な移行や接続を図る観点から，教員間や幼児児童間での交流の推進，幼稚園と小学校の教員免許の併有機会の施策を推進すること，加えて，幼稚園と保育所の連携を推進するために，幼稚園と保育所の施設の共用化，合同研修の実施などを提案した．2005年 1 月に中央教育審議会は，「子どもを取り巻く環境の変化を踏まえた今後の幼児教育の在り方について」の中で「遊びを通して学ぶ幼児期の教育活動から教科学習が中心の小学校以降の教育活動への円滑な移行を目指し，幼稚園等施設と小学校との連携を強化する．特に，子どもの発達や学びの連続性を確保する観点から，連携・接続を通じた幼児教育と小学校教育双方の質の向上を図る．」ことを主張した．

　2008年 1 月の中央教育審議会答申は，小 1 プロブレムの要因として自制心や規範意識の希薄化，生活習慣の確立が不十分であるという子供の問題を指摘し，小学校生活への適応を課題に挙げた．その答申を踏まえ，2008年 3 月の『小学

校学習指導要領』第5節「生活」で「国語科，音楽科，図画工作科など他教科等との関連を積極的に図り，指導の効果を高めるようにすること．特に，第1学年入学当初においては，生活科を中心とした合科的な指導を行うなどの工夫をすること．」と記載された．

そして，2008 (平成10) 年『小学校学習指導要領解説　生活編』において「幼児教育との接続の観点から，幼児と触れ合うなどの交流活動や他教科等との関連を図る指導は引き続き重要であり，特に，学校生活への適応が図られるよう，合科的な指導を行うことなどの工夫により第1学年入学当初のカリキュラムをスタートカリキュラムとして改善することとした．」と述べられ，スタートカリキュラムが明記されたのである．総合的に学ぶ幼児教育の成果を小学校教育に生かすことが，小1プロブレムなどの問題を解決し，学校生活への適応を進めることになるものと期待されたのであった．

2010年11月，「幼児期の教育と小学校教育の円滑な接続の在り方について」の報告書では，小学校入学時に幼児期の教育との接続を意識したスタートカリキュラムが生活科などを中心に各小学校において進められており，今後ともその取組を進めていく必要があることが確認された．2014年1月には，国立教育政策研究所の教育課程研究センターによって『スタートカリキュラム　スタートセット』が作成され，全国の幼稚園や保育所等，及び小学校に配布された．スタートカリキュラムの編成の仕方・進め方の要点が簡潔に具体的にまとめられている．

当初，スタートカリキュラムは，小1プロブレムの予防対策として考えられてきたという経緯があるが，現在，スタートカリキュラムには，幼児期の教育と小学校教育の接続という観点，つまり，幼児教育の成果を生かして小学校教育を充実させるという社会的・教育的要請が再認識されてきているのである．スタートカリキュラムの中核としての生活科の重要性は変わってはいないが，スタートカリキュラムの考え方を1年生の教育，もしくは低学年の教育全体に広げていくことが求められているのである．

第3節

新学習指導要領における生活科と幼小接続

　2017（平成29）年の新しい小学校学習指導要領では，第１章総則で「幼児期の終わりまでに育ってほしい姿を踏まえた指導を工夫することにより，幼稚園教育要領等に基づく幼児期の教育を通して育まれた資質・能力を踏まえて教育活動を実施し，児童が主体的に自己を発揮しながら学びに向かうことが可能となるようにすること。」が規定された．幼児期の教育と小学校教育との円滑な接続の社会的・教育的要請が一層高まっていることは明らかである．

　特に生活科には，同総則で「小学校入学当初においては，幼児期において自発的な活動としての遊びを通して育まれてきたことが，各教科等における学習に円滑に接続されるよう，生活科を中心に，合科的・関連的な指導や弾力的な時間割の設定など，指導の工夫や指導計画の作成を行うこと。」が規定されているとおり，低学年教育全体で幼児期の教育及び中学年以降の教育との間で円滑な接続を図る役割が期待されている．

　『小学校学習指導要領解説　生活編』（東洋館出版社，2018年）において，さらに具体的に「幼児期の遊びは学びそのものであり，遊びを通して達成感や満足感を味わったり，葛藤やつまずきなどの体験をしたりすることを通して様々なことを学んでいる．こうした日々の遊びや生活の中で資質・能力が育まれている幼児の具体的な姿をまとめたものが，『幼児期の終わりまでに育ってほしい姿』である．」（61頁）と述べられている．

　以下の表5-1は，「幼稚園教育要領」における幼児のその姿をまとめたものである．このような姿は児童期の初期に目指す姿とも重なり，それらを踏まえた教育課程の接続が重要であるというのである．

　「遊びや生活を通して総合的に学んでいく幼児期の教育課程と，各教科等の学習内容を系統的に学ぶ等の児童期の教育課程は，内容や進め方が大きく異なる．そこで，入学当初は，幼児期の生活に近い活動と児童期の学び方を織り交ぜながら，幼児期の豊かな学びと育ちを踏まえて，児童が主体的に自己を発揮できるようにする場面を意図的につくることが求められる．それがスタートカ

リキュラムであり，幼児期の教育と小学校教育を円滑に接続する重要な役割を担っている.」（上掲解説書，62頁）.

それゆえ，スタートカリキュラムにおいて生活科は重要な役割を担っているのであるが，生活科固有の問題としではなく，教育課程全体を視野に入れ，学校全体で取り組む必要がある.

スタートカリキュラムとは，小学校に入学した子供が，幼稚園・保育所・認定こども園などの遊びや生活を通した学びと育ちを基礎として，主体的に自己を発揮し，新しい学校生活を作り出していくためのカリキュラムである.

表 5-1 幼児期の終わりまでに育って欲しい姿

①健康な心と体 　幼稚園生活の中で，充実感をもって自分のやりたいことに向かって心と体を十分に働かせ，見通しをもって行動し，自ら健康で安全な生活をつくり出すようになる.
②自立心 　身近な環境に主体的に関わり様々な活動を楽しむ中で，しなければならないことを自覚し，自分の力で行うために考えたり，工夫したりしながら，諦めずにやり遂げることで達成感を味わい，自信をもって行動するようになる.
③協同性 　友達と関わる中で，互いの思いや考えなどを共有し，共通の目的の実現に向けて，考えたり，工夫したり，協力したりし，充実感をもってやり遂げるようになる.
④道徳性・規範意識の芽生え 　友達と様々な体験を重ねる中で，してよいことや悪いことが分かり，自分の行動を振り返ったり，友達の気持ちに共感したりし，相手の立場に立って行動するようになる．また，きまりを守る必要性が分かり，自分の気持ちを調整し，友達と折り合いを付けながら，きまりをつくったり，守ったりするようになる.
⑤社会生活との関わり 　家族を大切にしようとする気持ちをもつとともに，地域の身近な人と触れ合う中で，人との様々な関わり方に気付き，相手の気持ちを考えて関わり，自分が役に立つ喜びを感じ，地域に親しみをもつようになる．また，幼稚園内外の様々な環境に関わる中で，遊びや生活に必要な情報を取り入れ，情報に基づき判断したり，情報を伝え合ったり，活用したりするなど，情報を役立てながら活動するようになるとともに，公共の施設を大切に利用するなどして，社会とのつながりなどを意識するようになる.

⑥思考力の芽生え
　身近な事象に積極的に関わる中で，物の性質や仕組みなどを感じ取ったり，気付いたりし，考えたり，予想したり，工夫したりするなど，多様な関わりを楽しむようになる．また，友達の様々な考えに触れる中で，自分と異なる考えがあることに気付き，自ら判断したり，考え直したりするなど，新しい考えを生み出す喜びを味わいながら，自分の考えをよりよいものにするようになる．

⑦自然との関わり・生命尊重
　自然に触れて感動する体験を通して，自然の変化などを感じ取り，好奇心や探究心をもって考え言葉などで表現しながら，身近な事象への関心が高まるとともに，自然への愛情や畏敬の念をもつようになる．また，身近な動植物に心を動かされる中で，生命の不思議さや尊さに気付き，身近な動植物への接し方を考え，命あるものとしていたわり，大切にする気持ちをもって関わるようになる．

⑧数量や図形，標識や文字などへの関心・感覚
　遊びや生活の中で，数量や図形，標識や文字などに親しむ体験を重ねたり，標識や文字の役割に気付いたりし，自らの必要感に基づきこれらを活用し，興味や関心，感覚をもつようになる．

⑨言葉による伝え合い
　先生や友達と心を通わせる中で，絵本や物語などに親しみながら，豊かな言葉や表現を身に付け，経験したことや考えたことなどを言葉で伝えたり，相手の話を注意して聞いたりし，言葉による伝え合いを楽しむようになる．

⑩豊かな感性と表現
　心を動かす出来事などに触れ感性を働かせる中で，様々な素材の特徴や表現の仕方なとに気付き，感じたことや考えたことを自分で表現したり，友達同士で表現する過程を楽しんだりし，表現する喜びを味わい，意欲をもつようになる．

（平成29年告示「幼稚園教育要領」より）

第4節

スタートカリキュラムのデザイン

　スタートカリキュラムのイメージを具体的にもつことが重要である．先述の『スタートカリキュラム　スタートセット』でも写真，絵，および図表等を活用し非常にわかりやすく提示されていたが，『発達や学びをつなぐスタートカリキュラム』（文部科学省　国立教育政策研究所教育課程研究センター編著，学

事出版，2018年）では幼児期に育って欲しい具体的な姿を含めたイメージを提示している．そして，スタートカリキュラムをデザインする上での基本的な考え方として，「一人一人の児童の成長の姿からデザイン」すること，「児童の発達の特性を踏まえて，時間割や学習活動を工夫」すること，「生活科を中心に合科的・関連的な指導の充実」を図ること，「安心して自ら学びを広げていけるような学習環境」を整えることが述べられている．何よりも，第1学年の担任だけでなく，学校の全教職員でスタートカリキュラムを検討するとともに共通理解を図ることが大切である．また，保護者にもその意義や期待する児童の姿を伝えるだけでなく，近隣の園とも共有することが肝要であると述べられている（同上書，10～13頁）．

例えば，次に示す週案（同上書，19頁）のように，一人一人が安心感をもち，新しい人間関係を築いていくことをねらいとした学習，合科的・関連的な指導による生活科を中心とした学習，幼児期の学びと育ちに配慮した教科学習から構成することができる．これは，幼児期における学びの芽生えから児童期における自覚的な学びへと，子供の成長を導くようにカリキュラムを編成するため

である．したがって，スタートカリキュラムでは，朝の会から1時間目にかけて，幼児期に親しんできた遊びや活動を取り入れたり，友達と仲良く交流をする活動を行ったりする．そして，1日の子供の生活の流れを意識して学習活動を配列したり，子供の実態や学習活動に応じて10分や15分程度のモジュール学習や2時間続きの学習をしたりして，時間配分を工夫することが大切である．

スタートカリキュラム第2週の週案（例）

		第6日	第7日	第8日	第9日	第10日
	日	4/○（月）	4/○（火）	4/○（水）	4/○（木）	4/○（金）
安心をつくる時間	朝	「なかよくなろう」※ ・手遊び ・お話読んで ・お話聞いて ・歌って踊ろう	「なかよくなろう」※ ・手遊び ・お話読んで ・お話聞いて ・歌って踊ろう	「なかよくなろう」※ ・手遊び ・お話読んで ・お話聞いて ・歌って踊ろう	「なかよくなろう」※ ・手遊び ・お話読んで ・お話聞いて ・本がたくさん	「なかよくなろう」※ ・手遊び ・お話読んで ・お話聞いて ・本がたくさん
生活科を中心とした学習活動	2	「がっこうだいすき みんななかよし」 ・自己紹介をしよう（国「よろしくね」2/3） ・学校のはてなやびっくりを見付けよ（生1と1/3）	「あいうえおであそぼう」 ・ひらがな（国 2/3） ・くらべよう ・数を比べよう（算1/3） ・はるのがっこうこんにちは」 ・春と遊ぼう（生2）	「あいうえおであそぼう」 ・ひらがな（国 2/3） ・はるのあさ ・リズムに合わせて読もう（国 1/3） ・「10までのかず」 ・数えてみよう（算1）	「がっこうだいすきなかよしいっぱい」 ・遊具で遊ぼう（体「ゆうぐあそび」1） ・見付けたものを数えてみよう（算「10までのかず」1）	「あいうえおであそぼう」 ・ひらがな（国 2/3） ・はるのあさ ・聞き合おう（国 1/3） ・「10までのかず」 ・絵を見て数えよう ・数字を書こう（算1）
教科等を中心とした学習活動		「あいうえおであそぼう」・ひらがな（国 2/3） 「なかよしだいさくせん」 ・みんなでおいしく給食を食べよう		「はるですよ」 ・みんな生きている（道1）	「はるのあさ」 ・工夫して読もう（国 1/3） 「あいうえおであそぼう」 ・ひらがな（国 2/3）	「からだほぐし」 ・二人，三人，みんなで遊ぼう（体1）
	昼					
	5	「くらべよう」 ・数を比べよう（算 2/3） 「みんなでうたおう」 ・知っている春の歌を歌おう（音1/3）	「はるのがっこうこんにちは」 ・春のTシャツを作ろう （図工「はるとなかよし」1）	「はるのがっこうこんにちは」 ・春のTシャツを飾ろう （図工「はるとなかよし」1）	「みんなでうたおう」 ・わらべうたで遊ぼう（音1）	

※の時間については，授業時数以外の教育活動として位置付けたり，各教科等で実施したりすることが考えられる．（各教科等で実施する場合には，学習活動がその教科等の目標や内容を実現するものである必要がある．）

第4節　スタートカリキュラムのデザイン　61

　次の単元配列表（同上書，17頁）は5週間であるが，スタートカリキュラムを実施する期間としては，各学校や子供の実態により，入学から1ヶ月間，2ヶ月間，1学期間など，多様に考えられる．この際，重要な視点は，目の前の子供の成長する姿，すなわち，新しい環境に慣れ安心して学校生活をおくる，自分でできることは自分でする，人・もの・こととの関わりを広げたり深めたりする子供の具体的な姿を想定すること，単に各教科等の題材や活動を関連付けるのではなく，それらでどのような資質・能力を育てたいのかを考慮し，子供の生活と意識の流れをイメージした上で，相互の関連を検討し位置付けることである．さらに，教員同士でその共通理解を図ることが不可欠である．

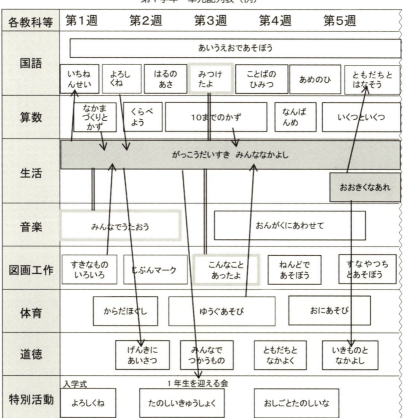

第1学年　単元配列表（例）

第5節

合科的・関連的な指導

　生活科及びスタートカリキュラムにおいては，合科的・関連的な指導という概念が極めて重要である．それゆえ，以下，これについて解説する．

　2008年の『小学校学習指導要領解説　総則編』（文部科学省，東洋館出版社）で，合科的な指導は各教科の目標をより効果的に実現するために，単元又は1時間の授業で複数の教科の目標や内容を組み合わせて学習活動を展開するものであり，関連的な指導は教科等別に指導する時に各教科等の指導内容の関連を検討し，指導の時期や指導の方法等について相互の関連を考慮して指導するものであると定義された．

　この合科的・関連的な指導のあり方に関しては，第一に「生活科の学習成果を他教科等の学習に生かすこと」である．つまり，生活科で学んだことが，他教科等で行う活動の動機付けになったり，良い題材を提供したり，それらの教科等の学習に発展する可能性をもつことである．第二に，「他教科等の学習成果を生活科の学習に生かすこと」である．すなわち，児童が他教科等で既に習得した知識，技能等を生活科の学習で適切に生かして活動を展開することである．これによって，児童は，それらの知識や技能の応用範囲を広げ，一層確実に習得することができる．第三に，「教科の目標や内容の一部について，これを合科的に扱うことによって指導の効果を高めること」である（『小学校学習指導要領解説　生活編』，2008年）．

　第一について，例えば，町探検では様々な人やものやことを見たり，探したり，発見したり，町の人にインタビューしたりする．それらは国語科の記録文，報告文，説明文を書くことの良い題材と動機付けになる．また，お世話になった町の人に御礼の手紙を書く活動に発展することもある．第二について，例えば，図画工作科で使い慣れた紙，クレヨン，粘土，はさみ，のり，カッターなどの材料や用具を使う知識や技能は，生活科の「秋となかよし」の単元で，落ち葉，ドングリ，まつぼっくり，紙コップ，ペットボトル，ひもなどを使って遊びに使うものを工夫してつくる活動やみんなで遊ぶ活動に生かされる．第三

について，例えば，生活科の学習活動で飼っているうさぎや捕まえたカマキリ，バッタ等の動きや様子をよく観察して，その特徴をとらえ，なりきって踊ることもある．身近な自然を観察したり，音の出るおもちゃを作ったりする．このような生活科の学習活動に体育科，音楽科等の目標と内容を組み込み，その目標を効果的に実現し，効率的な時間数の活用を図ることができるのである．

なお，スタートカリキュラムだけでなく生活科の学習においても，他教科等との関連に関する指導計画の作成においては，各教科等の目標や内容等を検討し，単元又は授業レベルではなく年間レベルの長期的な見通しに立って，その題材や学習活動の関連と展開を具体的に検討することが重要である．

第6節

スタートカリキュラムと生活科

スタートカリキュラムは，これまでの教師（大人）の発想によって一日も早く小学校の学習や生活へ適応させることを意図した「適応指導」とは異なり，幼児教育の成果を積極的に生かし子供の成長という基本的な視点で入学当初の子供の安心・成長・自立を目指すカリキュラムである．しかし，これまでの「適応指導」を全面的に否定するものではない．子供の小学校1年生になった喜び，学校生活への期待，勉強したいという意欲を大切にしながら，これまでに蓄積された「適応指導」の重要な要素を子供の成長という視点で再検討し，適宜，スタートカリキュラムの活動の中に組み入れていくことも必要である．

すなわち，スタートカリキュラムが最も重視することは，日々，成長する子供の姿と子供理解である．それゆえ，子供の姿を思い浮かべて，心に残った子供の発言や活動の様子などを書き留め，一日の支援と指導を振り返り，次の日の活動に生かすこと，その実践記録だけでなく子供が書いたカード，作品，活動の写真等を継続的に収集して，毎週もしくは毎月，学年研究会や全校の研究会等で報告して振り返り，次の週や月の活動に生かすことが重要である．

さらに最も重要なことは，小学校におけるスタートカリキュラムだけではなく，幼児期の教育におけるアプローチカリキュラム，その両方を含めた接続期

カリキュラムの重要性や必要性が求められていることである．なぜなら，その両方における理論研究と実践研究の発展がなければ，幼児期の教育と小学校教育との円滑な接続は達成され得ないからである．

以上，幼小の接続と生活科との関連について，特にスタートカリキュラムを中心に述べてきたのであるが，生活科という教科はスタートカリキュラムのため，幼小の円滑な接続のためだけに存在するのではない．表層的で形式的なスタートカリキュラムがブームとなり，生活科にとって重要な活動が軽視されるならば本末転倒である．生活科の教科としての特質を十分に踏まえた上で，スタートカリキュラムにおける生活科の位置付けを考えることが肝要である．

参考文献
文部省『小学校指導書　生活編』教育出版，1989年．
文部科学省『小学校学習指導要領解説　生活編』日本文教出版，2008年．
文部科学省告示「小学校学習指導要領」2017年．
文部科学省『小学校学習指導要領解説　生活編』東洋館出版社，2018年．
文部科学省国立教育政策研究所教育課程研究センター編著『発達や学びをつなぐスタートカリキュラム』学事出版，2018年．

第6章
生活科の指導計画

第1節
生活科における年間指導計画の留意点

　生活科に限らず，小学校の全ての教育活動において，年間指導計画を策定することにより，明確な見通しをもった教育実践を進めていくことが可能になる．生活科では育成する資質・能力に関わる九つの内容が示されてはいるが，他の教科などと比べると，具体的な活動や体験のあり方については，学習指導要領には必ずしも明示はされていない．そもそも生活科の授業は，日本全国で一律の画一的な学習活動を展開することは不可能である．学習の場や対象が子供たちの生活そのものであることからも，地域や学校または学級によっても，生活科の指導計画は多様であるべきである．

　生活科の指導計画の策定にあたっては，子供たちの実態や地域の特性と特色とともに各学校の教育目標なども考慮しながら，第1学年から第2学年にわたる2学年という期間を見通し，学校もしくは学年・学級ごとに独自に構成した単元や学習活動を適切に配置していくことが求められる．

　さらに，2020年度から完全実施となる新学習指導要領においては，「知識及び技能の基礎」，「思考力，判断力，表現力等の基礎」，「学びに向かう力，人間性等」の大きく三つの育成する資質・能力について，どのような活動や体験の中で育んでいくのかを単元全体を見通して考えておくことが重要となる．

　また，生活科では他の各教科等との双方の目標が達成されることをねらう合科的な学習や，九つの内容の中から複数の内容を関わらせて扱うこと等も一般的である．1年間もしくは2年間の生活科の学習の流れの中に，季節などの自

然環境や地域の人的・物的資源などの社会環境も考慮して学習活動を配置したものが，結果的に年間指導計画となっていく．

年間指導計画は，各教科等の学習活動の見通しをもつべく，1年間の流れの中にいくつかの単元を位置付けて示すことになる．年間指導計画に示される要素としては，単元名や活動時期，各単元の主な活動や体験の見通し，予定時数，各単元の活動場所や関わる人々等々になる．生活科の年間指導計画の策定に際しては，育成したい資質・能力として整理された九つの内容をもとに，2学年間を視野に入れながらも年間の学習を通して，特に以下の四点について，子供たちの具体的な活動や成長の姿を見据えた構想が求められる．

・子供たち一人一人の実態への配慮
・学校内外における環境の教育資源としての活用
・各教科等との関わりを見通したカリキュラム・マネジメント
・幼児期と中学年以降の結節点としてのスタートカリキュラム

第2節

子供たち一人一人の実態への配慮とは

年間指導計画の策定に際して，子供たち一人一人の実態に配慮することは，生活科で最も留意すべき視点でもあると言える．子供たち個々人のこれまでの様々な自然体験や飼育栽培，また集団での経験などの有無や，学習を進める上での特別な困難などの状況を把握した上で，一人一人の実態に応じた学習活動の計画を構築する必要がある．一般的に年間指導計画は，その前年度末までに策定を進める性格上からも，小学校入学前の子供たちの状況を把握することが求められることになる．その際には幼稚園や保育所などとともに，各家庭との連携による情報の収集が肝要となってくる．生活科の年間指導計画に関わる子供たちの実態の把握にあたっては，子供たちは当然のことながら，小学校入学後以降も日常の姿を見取る中で日々，刻一刻と変化や成長を遂げていく．そのため，前年度末に策定した年間指導計画を固定化しすぎずに，当該年度の中で

も，その計画は柔軟に見直していく姿勢も重要となる．すなわち，生活科の年間指導計画は，子供たち一人一人の実態とともに深化する存在でもある．

第3節

学校内外における環境の教育資源としての活用とは

　児童の生活圏である地域の環境を生かした年間指導計画の策定のためには，教員側が地域の環境を繰り返し調査することを通して，地域の文化的・社会的な素材や活動の場などを見いだし，それらを教材化して生活科の学習の中で最大限に生かすことが求められる．その際には新学習指導要領で重視されている「社会に開かれた教育課程」の理念の実現を鑑み，学校と地域との双方向からの働きかけとお互いへの期待を共有していく取り組みが望まれる．そもそも学校や子供たち自体も地域社会の一員であることを再確認しながら，学校と地域との連携のもとに，生活科マップや地域の人材マップ，生活科暦などの整理を行い，それを年間指導計画の策定において有効に活用することが重要となる．

　年間指導計画とともに，生活科マップ・地域の人材マップ・生活科暦なども日々，成長し変化する子供たちや地域の実態に応じて，生活科に関わるあらゆる物事に関して不断の見直しと改善を試みる柔軟な構えが肝要である．

第4節

各教科等との関わりを見通したカリキュラム・マネジメントとは

　生活科の教科特性として，それ自体が地域とのつながりとともに，学校の全ての教育活動とも密接な関わりをもつ教科である．そのため，年間指導計画においても，生活科は各教科等との関わりを見通したカリキュラム・マネジメントを意識する必要がある．図6-1の年間指導計画の一例からも，例えば第1学年の7月以降に設定されている単元「きせつはっけんたのしもう」においては，体育科における水遊びや，特別活動での冬の生活と健康などとの関連が明示されている．年間指導計画において，生活科と各教科との関わりを見通すときに

68　第6章　生活科の指導計画

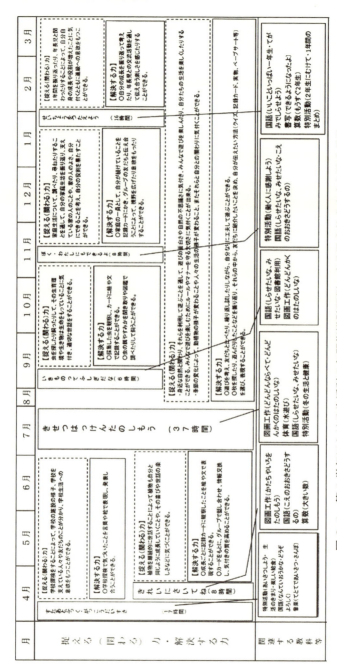

図6-1　第1学年における生活科の年間指導計画例：大分県宇佐市立安心院小学校

(出典：安心院・院内地域連携型小中高一貫教育『平成28年度研究開発報告書』2017年)

第4節　各教科等との関わりを見通したカリキュラム・マネジメントとは

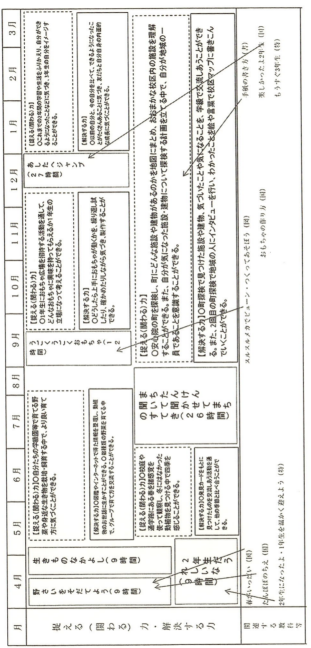

図6-2　第2学年における生活科の年間指導計画例：大分県宇佐市立安心院小学校
（出典：安心院・院内地域連携型小中高一貫教育『平成28年度研究開発報告書』2017年）

は，単純に内容的な関連だけをつなぐだけでなく，育てたい資質・能力の面から合科的・関連的な指導計画を立てる必要がある．本単元の場合には，夏や冬などの季節ごとの遊びや生活の中でのルールやマナーを守る大切さについて，図画工作科での製作活動や国語科での表現活動との連携を通して，生活科における気付きの質を高めていくことができるような関わりを見通すことが期待される．この際に，生活科で育てたい資質・能力の側面だけでなく，関連する各教科等の資質・能力の育成にも資する視点を欠かさないことも重要である．

また，本単元や図6-2中の単元「まちたんけん聞いて聞かせてまちのすてき」のように，7月以降の各学年末までにわたる断続的・継続的な単元構成のあり方は，生活科の場合には単年度だけでなく，2年間にわたる活動となることも多い．内容的にも授業時数的にも，各学校や地域，そして何よりも子供たちの実態に応じて柔軟で弾力的な年間指導計画の策定や運用の進め方は，生活科が確立させてきたカリキュラム・マネジメントの一例にもなっている．

第5節

幼児期と中学年以降の結節点としてのスタートカリキュラムとは

小学校低学年にのみ位置付く生活科は，なぜ小学校の第1学年と第2学年だけの教科なのか，その意味を把握する必要がある．小学校の低学年に生活科が配置されている意図は，まさしく幼児期の教育や中学年以降の学習との関わりを見通すための教科だからであるとも言える．もともと小学校低学年から6年間に渡って教育課程におかれていた社会科と理科に代わり，その第1学年と第2学年のみを担うことになった生活科は，幼稚園や保育所などでの学びを小学校の入学と同時にリセットするのではなく，継続的に受け継ぎ伸ばしていくための役割を受け持つことになったことを再確認する必要がある．

生活科は，各教科等との横のつながりとともに，幼児期から中学年以降にいたる発達の段階に応じた縦のつながりとの結節点であることを意識することが重要である．この場合の結節点とは，単に就学前教育から生活科を経由して，小学校の第3学年とを結びつけるだけでなく，子供たちが小学校から中学校，

高等学校，大学や現実社会へと，どこまでも学びを広げ深めていくための結節点としての意味合いも込められている．

　いま，小学校に入学した子供たちが幼稚園や保育所などの遊びを中心とした生活の中での学びと育ちを基礎としながら主体的に自分自身を発揮して小学校生活を創り出していくためのスタートカリキュラムの取り組みが活発化している．幼児期の学びや育ちを小学校でリセットしてしまうのではなく，子供たちが生涯を通して学び続けられる資質・能力の種を生活科の中で育んでいけるような長く広い視野をもった年間指導計画の作成が期待される．すなわち，幼児期の経験や体験を経て小学校に入学して生活科の中で活動していく子供たちがどこまでも，どのようにでも成長していけるような見通しをもった年間指導計画の策定が望まれる．

参考文献
　永田忠道「生活科・総合における実践研究の動向」日本生活科・総合的学習教育学会『生活科・総合の実践ブックレット』第10号，2016年，pp.68-85.
　永田忠道「資質・能力をベースにした生活科の評価の視点」，朝倉淳編『平成29年改訂　小学校教育課程実践講座　生活』ぎょうせい，2018年，pp.105-111.

第7章

生活科の単元計画と授業構成

はじめに

 小学校低学年の児童が主体的な授業となるようにするために，生活科の授業を構成する教師の計画性・指導性が重要なことはいうまでもない．半面，主体的な学習が望まれている中，生活科はこれまでも教師の思いを児童に押しつける教科ではなかった．

 相反することを背負いながら，教師は事前の授業計画を実現のため，意識的に児童の体験を仕組み，気付きから有能観を育ませようとしているのが生活科授業である．では，その難しいことを教師はいかにやってのけているのだろうか．計画を立てる際の留意点や，指導場面のイメージや児童の思いや願いを考えておかなければ，児童にとって楽しく，意味ある生活科授業は実現しないということを本章では考えていきたい．

第1節

生活科授業における単元の意識

1　生活科における単元の意味

(1) 他教科と異なる部分もある生活科の単元

 他の教科でもそうだが，生活科で単元という言葉を使うときには，学校の指導計画に掲載されている学習の単位を指している．多くの場合，単元は教科書に示された一まとまりの括り，いわゆる教材・題材を単元として扱う（「かけ算」，「おおきなかぶ」など）ことが多い．それに対し，生活科では「あきみつけ」

とか「生き物ランドをつくろう」などといった児童にとっての意味のある体験を重視する経験単元として扱うことが多い学習者中心のカリキュラムである．こうした背景には，この教科のもつ特性が関与している．

　戦後教育において，国が示してきた学習指導要領においても，どちらかといえば経験主義を背景にしている，どちらかといえば系統主義を背景にしている，といった学習の基盤となる背景にも違いがあったのは否めない．教科学習の捉え方も時代とともに変化してきた．その中で生活科は，1989（平成元）年の学習指導要領で低学年の社会科と理科を廃止し，新しく設けられた教科である．従来の低学年の社会科・理科の課題としては，次の三点が理由として考えられる．まず，都市化が進行する中での児童そのものの自然や人との関わりや体験の減少，二つ目が生活習慣や社会構造の変化に伴う家庭や地域社会の教育力の弱体化，最後に教科内容に伴う知識を，未分化な低学年児童が，十分に習得できるのかということである．もちろんこれらの要因だけではなく，生活科誕生のための議論を契機として新しい学力（生きる力）が唱えられるようになり，単なる低学年社会科や理科の廃止や統合ではなくなった．

　こうして，表面的にみれば，先の低学年教科の問題点とその改善のための教科として誕生した生活科は，低学年の児童へ具体的な活動や体験を重視することが求められることになった．

(2) 具体的な活動を中心とする経験単元

　十年ほど前になるがあるテレビ番組で，里山保育のドキュメントが放映された．この番組では，里山を活動の場として自然に親しむ園児たちが，さまざまな体験や経験から学ぶ様子が映し出された．田んぼに入れない子や丸太の橋が怖くて渡れない子が，周囲の友達に励まされ，やり遂げ変わっていく．まさに入学前の子どもたちについて，保育カリキュラムの在り方を考えさせられる内容の番組であった．

　番組後半では，転入してきたA児にスポットが当てられる．A児は，自分の思い，主張の強い子であり，口数は多くない．そのため，さまざまな体験場面で自分本位な考えで行動し，周囲の児童の思いとすれ違うことが映し出される．

トピックの中の一つに，A児が里山で見つけたカナヘビを，かわいいから飼おうと連れ帰ろうとする事件にスポットが紹介されている．数名の男の子に「見せて」と言われるが，A児は大事なカナヘビを渡すことはしなかった．すると，男の子たちは「かわいそうだから逃がしてやれ」と変貌する．しかも，男の子たちは，かわいそうの理由をいろいろ挙げる．

男の子たちと友達になりたいという思い，男の子たちに言われることが正論だという思い，それでもカナヘビを飼いたいという思い，自分が見つけたものなのにという思い，A児はさまざまな思いの中でカナヘビを握りしめていた．そして，手からポトッと落とし，無言のまま皆の待つ列に帰っていく．帰途につく前の最後の遊び場面で，先の男の子たちと遊ぶA児が映し出される．そして，遊びの合間にA児は，一人の男の子へ近づいて，耳元で他の子に聞こえないくらいの声で，「さっきはごめんね」という一言を発する．その一言が言えたためかどうかはわからないが，満面の笑みとなって遊びは続いていく．

このカナヘビの事例のA児から，生活科の体験することの意味を見いだせるであろう．A児は，まさに5〜7歳の子どもの混沌とした思いの中で，カナヘビとの関わりを通して出合うさまざまなジレンマから，集団の一員としての在り方と自己の在り方を見つめている．カナヘビの食性は何か，小動物を持ち帰ってよいかどうかという生命倫理，自然と人が共存するとは，自分が果たせるかどうかという責任，集団と個の思いの違い，意見が異なった時の対処の仕方等，A児の気付きは多い．保育の出来事であったが，生活科における体験も，一つの活動で"○○に気付いた"という単純なものではない．

番組は前提として里山という環境があり，こういう出来事が起こることを想定している保育だから起きたドラマである．しかし，里山でなければこうしたダイナミックなドラマは見ることができないのだろうか．生活科の授業の体験においても，こうしたドラマは展開しているはずである．しかし，活動の意図と環境づくりを丁寧に意識しておかなければ，番組がA児を追ったような視点で，子どもの成長や多様な気付きを見取ることはできない．

2 単元計画づくりの理論

　生活科には，社会科の地理や歴史，算数の幾何や代数のような教科独自のバックボーンとなる学問があるわけではない．先のA児のような体験や活動が，単元計画の中心であり柱となる．児童の体験が重視される教科だからこそ，学習指導要領の教科目標も，次のように記されている．

> 具体的な活動や体験を通して，身近な生活に関わる見方・考え方を生かし，自立し生活を豊かにしていくための資質・能力を次のとおり育成することを目指す．

　これは，生活科学習の特質であり，1989（平成元）年の生活科誕生以来一貫して重視されてきたものである．

　児童が主体的に活動を進め，生活科としての深い学びを得るには，習得すべき資質・能力はどのようなものか整理したうえで，授業を構想していくことが求められる．特に，これまで生活科でいわれてきた「気付き」は，体験していれば勝手に備わるものではない．A児が，カナヘビと対面した数分で見せたジレンマも，カメラが偶然捉えなければ他者に知られることもなく次の遊びへと進んでしまう．

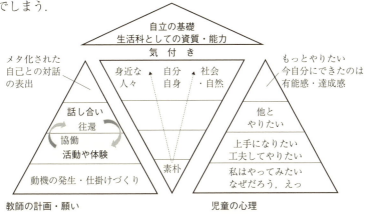

図7-1　生活科授業計画のための基本展開構造

※9つの内容それぞれにおいて，11の視点（ア～サ），15の学習対象をバランスよく組み合わせたうえで構成

76　第7章　生活科の単元計画と授業構成

教師は目標達成のために計画を練るが，どの活動の場面で，どんな気付きが表出すると考え，気付きを見取るための手立てや評言を用意するか，あるいは児童にどのような成長をしたと実感させる（自己との対話）のか，さまざまな観点を統合させ，授業計画を練る必要がある．

第2節

生活科授業における単元計画の重要性

1　教師側から見る単元の構成要因のポイント

　授業一般で単元計画を考えるとは，何をどう配列するか教師による活動内容や教材の吟味・研究が重要であることは言うまでもない．しかし，活動から児童の主体性を育みつつ，気付きの深化を促す生活科のような教科では何を大事にしないといけないのであろうか．そのポイントを探っていきたい．

（1）基本構造を見つめる

　生活科の単元の在り方は，次のように大きく三つに分類できる．
　A　年間を通しての帯単元
　B　数時間〜十数時間扱いの単元
　C　1時間の投げ入れ的の時間
　活動を骨格に位置付けていくならば，その基本構造は図7-2のようになる．帯単元として年間に位置付けてあったとしても，1単位時間であったとしても，その構造が大きく変わることは少ない．しかし，目標はこうした三つのタイプの単元構成によって，どのレベルを児童と共有しているのか，使い分けていく必要がある．
　例えば，年間を通す帯単元の場合は，大きな活動が前提となっている場合が多い．生活科で非常に多く実践されている，1年生の朝顔の栽培を例に考えてみよう．

第2節　生活科授業における単元計画の重要性　　77

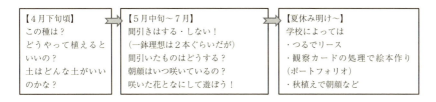

児童にすれば，年間ずっと朝顔と学習をしている．しかし，教師からすれば，それぞれのユニットで児童が対象である朝顔とのかかわり方の変化や気付きをかたまりとして見取りたい（出会い期，生長期，発展期）．

4月に単元名として「朝顔，いっぱいさかせたい」と単元を児童に伝えても，児童にその意識が薄ければ，それは教師の押しの教材選択でしかない．出会い期にそぐわない場合もあるので，単元名とともに出会いの必然を用意したい．双葉や本葉が出るまで，何を育てているかわからないような活動を仕組む場合は，「ふしぎ，たね〜」とするくらいの遊び心で1年生もほっとでき，どんな生長をするのか期待は高まる．そのため「朝顔，さかせたい」とは言えない．さまざまな条件にもよるだろうが，図7-2のように活動や児童の意識を喚起する話し合いを取り入れ，中単元ごとに気付きを導きだし，主体的に対象と関わ

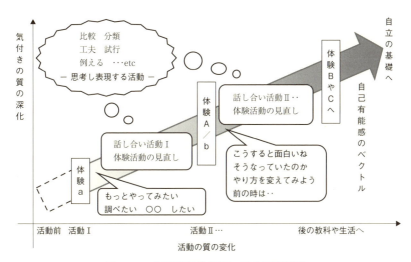

図7-2　生活科授業計画の基本展開構造

りをもとうとする児童を育てるような計画を練りあげたい．全体を見通す単元名や目標は，後に調整をしてもかまわない．

(2) 見通しをもてるようにするということ

体験ばかりして，遊んでいるだけではないか．そんな生活科に付きまとう批判だが，逆にいえば，低学年の児童に教科としてどんな力をつけるのかを考えることは大切である．その力については，後段で述べるが，図7-2のような単元を，教師はもちろん，児童自身が見通せ，振り返ることのできるような単元計画の作成が重要である．教師は，児童がやりたい・こうなりたいという思いを可能な限り読み解き，単元構造に当てはめることがポイントである．

主体的活動を重視する生活科において，体験はあくまで「もっと活動をやってみたい」「なぜ，こうなっているのだろう」という児童の思いや問題発見がスタートである．教師が教材セットで朝顔を育てるのは，コスト面の節約と時間の効率化からであり，本来は児童に学びの切実生を抱かせ，不思議だなという思いを抱かせる動機づけの設定あるいは仕掛けづくりが重要なのである．

同時に，そうした授業が成立するには，教師は児童が主体的に活動を進めていても，つぶやきを見逃さないようにしたい．多くの計画の場合，教師は計画段階でそのつぶやきが出るであろうことを想定し，活動を仕組み，そのつぶやきをもとに次の話し合いやさらなる活動を仕組んでいるのである．そうでなければ，活動を活かせる話し合いも教師主導となりかねない．

児童のもっとやりたいや，少し変えてみようという気持ちに対応した活動を，自分たち自身で考え創りあげられるようにしたいものである．

(3) 育てたい資質や能力の設定

今回の学習指導要領の改訂は，資質・能力の育成が大きなキーワードであることは間違いがない．つまり，学習指導要領で生活科に求められる資質・能力として例示されたもの（図7-3）の中から，低学年の2年間で⇒単元で⇒この1時間で，なにをいかに育成するのかということを意識する必要がある．

こうしたことは単元計画の中に当然盛り込まれなければならないし，本時分

第 2 節　生活科授業における単元計画の重要性　79

《学びに向かう力・人間性》
○身近な人々や地域に関わり，集団や社会の一員として適切に行動しようとする態度
○身近な自然と関わり，自然を大切にしたり，遊びや生活を豊かにしたりしようとする態度
○自分のよさや可能性を生かして，意欲と自信をもって生活しようとする態度

○具体的な活動や体験を通して獲得する，社会事象や自然事象，自分自身に関する個別的な気付き
○具体的な活動や体験を通して形成する，社会事象や自然事象，自分自身に関する関係的な気付き
○具体的な活動や体験を通して身に付ける習慣や技能

○身体を通して関わり，対象に直接働きかける力
○比較したり，分類したり，関連付けたり，視点を変えたりして対象を捉える力○違いに気付いたり，よさを生かしたりして他者と関わり合う
○試したり，見立てたり，予測したり，見通しを持ったりして創り出す力

《気付き・技能》　　　　　　　　　　　　　　　　　　　　《思考・判断・表現》
図 7-3　生活科授業計画で考慮すべき資質・能力（文部科学省提案のものを一部修正）

の指導案を作成する上で必ず考慮しておかねばならない．

(4) 目標に到達する環境の設定

指導者は単元の計画を考えるとき，授業展開を具体的にイメージし，留意すべきことは避け，よりよい主体的な活動が構成できるようにしなければならない．環境構成では次の三つの間は，活動を主体とする教科では重要である．

> ①活動や体験が十分にできる**時間の余裕**．
> ②児童が互いの存在を気にしつつも遠慮せずに，十分に活動ができるだけの**空間の余裕**．
> ③自分のやってみたいことに没頭でき，その活動を認めてくれたり，もう少し工夫したりということを言い合える，安心できる**仲間同士の余裕**．

児童にとって遊んだり，探検をしたり，製作をしたりする活動を主とする生活科は，魅力的な時間である．しかし，活動一辺倒にならないためには，一人一人がじっくりと活動に浸れるようにすべきである．里山保育の事例でもわかるとおり，A児が自分でしっかりと考えることができたのは，「時間だからおわり」などという大人や学校の事情が入らなかったからである．

また，活動や製作に時間を割いて，しっかりと楽しむことはできたが，道具やごみを片づけない授業もしばしばみられる．児童数が減り，生活科ルームや多目的ルームが活用できる学校は別だが，片づけの時間も考慮に入れず，活動さえすればよいということもないようにしたい．その他にも，狭い机の上で低学年の子が，安全の配慮もなくどんぐりゴマのために，どんぐりにキリで穴をあけようとする光景も見ることがある．

今一度，計画段階で三つの間をしっかりと考え，安全に没頭できる環境づくりを考えることこそ授業計画であり，しっかりと仕組んだうえで授業化に取り組んでいくべきである．

2 児童が自ら「あのね…」「でもね…」と語りたくなる授業のポイント

(1) 児童の対話から考える （実践から探る）

お茶の水女子大学附属小学校の岩坂尚史教諭が授業公開をされた教科「みがく」（特設の教科）を参考に低学年の実態を考えてみたい．

教科「みがく」は，お茶の水女子大学附属小学校で特別に設置された，生活科と道徳の特性を併せもつ教科である．椅子だけでサークルになり，語り合いと聴き合いを中心に据え，児童は各自の考えを自由かつ安心した空間の中で対話を行いながら，意見を紡ぎ合って進めていく．話し合い中心でありながら，異なる意見や考えがあるということ，他者との意見の違いがあっても自分の意見を持つことは大事であることなどを粘り強く学んでいくことをねらっている．「みがく」の研究授業（単元「たいりつとけんか」）で見られた児童の心理を紹介し，生活科における児童心理を考える材料としたい．

授業は，教師による簡単な人形劇（事例は3回繰り返される）を見た後，対立状況の解決をどうするかということを，考え合うものであった．（数字は児童の意見より）

事例1 話し合いの時，意見を言いたい人が数名いたらどうするか．
　　　①ゆずり合えばいい．
事例2 グランドで遊んでいるとき，ドッチボールのボールが飛んで来たら

遊ぶところをどうするか．
　①じゃんけんで決める．　　②あやまる

事例3　みんなで動物園に行って，4人で一枚の動物の絵を描く時，先に動物だけを書いてしまった．上手に動物の絵が描けただけに，動物の入っているおりの柵を描くか，描かないか．グループの絵だけに，柵の書き方の意見が対立したらどう解決をするとよいだろう．
　①動物を隠さないように，柵は動物の後ろに絵を描く．
　②半分，柵を書いてあとは動物が見えるように書かない．
　③あるがままに書く．
　④じゃんけんで勝った意見で，どんな書き方にするか決める．
　⑤じゃんけんで決めると，負けた人はいやになるから，多数決がいい．(他のグループは柵を描いていなところもあるが，4人の中で柵は描くという意見が多い．)
　⑥多数決にするなら，4人の多数決ではなく，動物園に来ている他のグループにも多数決に参加してもらうべきだ．

　授業終盤（事例3）では，他の意見もあるとか，多数決でいいという声も聞かれたが，対話による意見の交流で1時間を終えた．児童の意見は，事例の状況の変化と共に，対立場面での調整方法について，変化させながらも深化していることが見て取れる．事例1のように，授業場面でだれが意見を言うかという程度の対立なら，自分でなく譲ってもよいという反応である．しかし，事例3のように上手に描けた動物の上に，おりの柵を描くか描かないかということへの感情は，1年生の児童の情意を突き動かし，レベルが違うということになったようである．対立を解決する方法として，児童自身が日頃は一番公平と思って使っているじゃんけんでさえも，負けた場合のことを考え，何とか自分の考えを反対意見として提案しようとするのである．

(2)　児童の心理を表出させるとは

　何がそうさせているのか．一つは教師の場面設定（3段階）が，児童の気持ちに即していたのであろう．児童の意見は，事例にある状況を考えようとし，

日々の生活の似た状況から考えをもちこみ，問題場面の解決へ向かう自己を投影させて発表の文脈を創り出している．

「たいりつとけんか」の授業は，生活科のような活動ではない．場面設定も教師により工夫でき，対立した時の解決の仕方，対立とは何かという気付きを考えやすいともいえる．たとえそうであっても，岩坂教諭はこれまで多くの教師が陥った『児童のもつ気付きは，授業によるものが多く，教室ではそれを伝えなければならない』という思いを取り払い，児童の意見の背景を大切にし，思いを引き出し，紡ぎ合うといったファシリテーター役に徹している．対立を考える際も，1年生の児童とはいえ全くの白紙の状態ではないことを物語っている．

乳幼児がミルクを欲したとき，泣けばミルクが口に入ることを学んだ時から，各家庭での体験，入学前の保育園や幼稚園での体験などを通して，何らかの学びは行われている．つまり，そうしたことを考えないまま学校でやることを押しつけるのではなく，生活科の授業においても，活動への児童のこだわりや日常の暮らし，経験をたくさん語れる場を設定したい．そうすることで，これまでの経験やこだわりは，活動を通した新たな気付きへと深化するはずである．

ときには，回りくどいことをたどたどしく発表する児童の意見も，発表した児童にとっては何らかの意図がつながっている大切な経験である．そうした発表を経なければ，次の段階へと進むことのできない児童もいることを心得ておかねばならない．

おわりに

単元レベル，本時レベルでの構想で大切なことは，教師と児童の活動に対する思いの中から，気付きが芽生え，友達と共に対話することにより，スパイラルに成長し合う単元としようと計画することである．教師がやらせる活動ではなく，児童がやってみたい活動を通して，児童自身なんのためにやったのか，腑に落ちるような計画を目指す．生活科はそういう教科である．だからこそ，単元計画や本時の活動案を周到に教師は練る必要がある．

最後に，授業設計を練る上でのポイントをまとめると次のようになる．

1　生活科授業計画を練る上で，教師の計画・願いと児童の実態や心理を把握し，それに伴う資質・能力を考える．
2　三つの間を考慮しつつ，児童の思いや願いを育み，意欲や主体性を高める学習活動を選定し，学びをより豊かにする児童への仕掛けを考える．
3　活動と伝え合い交流する場を設定する．
4　試行錯誤やじっくりと対象と関わる繰り返しの活動を設定する．
5　活動や体験の中で感じたり，考えたりしている児童の姿を丁寧に見取り，働きかけ，活動の充実につなげる．
6　対象についての気付きとともに，自分自身についての気付きをもつことができるようにする．
7　低学年においても，ふりかえりを大切にし，表現する活動を設ける．

参考文献
文部科学省『小学校学習指導要領解説 生活編』東洋館出版社，2018年．
田村学『深い学び』東洋館出版社，2018年．
原田信之・須本良夫・友田靖雄『気付きの質を高める生活科指導法』東洋館出版社，2011年．
須本良夫『生活科で子供は何を学ぶか』東洋館出版社，2018年．
お茶の水女子大学附属小学校『学びをひらく　第80回教育研究会発表要項』NPOお茶の水児童教育研究会，2018年．
NHK「ETV特集：里山保育で子どもたちを変える」，2007年．

第8章
生活科の学習指導と評価

第1節
生活科の学習指導

1 生活科学習指導の基本的な考え方

（1）生活科創設期における生活科学習指導の基本的な考え方

　教師が「何を教え，何をわからせるか」というそれまでの伝統的な授業観の変革をめざして生活科は創設された．その新教科の理念を踏まえた授業展開を実現するために，創設期当初から既存の教科とは異なる視点での学習指導の在り方が具体的に示されてきた．1989（平成元）年に当時の文部省から刊行された『小学校指導書　生活編』では，生活科学習指導の基本として，「児童の生活圏を学習の場とする」「自分とのかかわりで身近な環境に取り組む」「具体的な活動や体験を重視する」ことが示されている．

　特に，活動や体験が生活科において生きるための授業展開にするために，六つのキーワード「①自発性」「②能動性」「③直接体験」「④情緒的なかかわり」「⑤振り返ること」「⑥生活」を挙げて，ポイントが示されている．以下はその概略である．

・「自発性」「能動性」を重視した学習の動機付けと授業展開を重視する．
・「直接体験」を重視し，表現活動により「振り返ること」を通して，活動を整理し，潜在的な価値を現実のものとしていく．
・「情緒的なかかわり」を促すことによって，自分との関わりや知的認識の芽生えを育てる．

第1節　生活科の学習指導

・児童の日常生活の中から学習を開始するとともに，学習の結果を児童の日常生活に返し，一人一人の「生活」が豊かに自覚的に工夫していくようにする．

　以上のポイントの他に，「児童の自発性と教師の指導」の両方を考慮し，統合する必要性とともに，「児童の多様性に配慮すること」を積極的に行い，それを発展させるために「児童間の交流を促すこと」，「日常生活とかかわること」が留意すべき点として示されている．

　生活科が創設当初から重視してきたことは，30年を経た現在においても変わることなく継承されている．また，当時は新教科のみの独自性とも受け取られていた学習指導の在り方が他教科等にも影響を与えていることは，新しい教科観を示した生活科がその役割を果たしてきたといえよう．

(2) 現在の生活科学習指導の基本的な考え方

　現在の生活科学習指導の基本的な考え方について，2017（平成29）年改訂『小学校学習指導要領』の趣旨・内容を解説した文部科学省『小学校学習指導要領解説　生活編』（東洋館出版社，2018年．以下「解説」）をもとに見ていく．「解説」では，生活科の学習指導は「児童の思いや願いを実現する体験活動を充実」させ，「体験活動と表現活動が豊かに行きつ戻りつする相互作用を意識」するというこれまでの学習指導の基本的な考えを大切にしている．

　また，「解説」では，今回の改訂の授業改善の視点「主体的・対話的で深い学び」の実現を図るために生活科の指導の留意点を次のように示している．

　主体的な学びの視点では，振り返る活動を充実することにより，児童が自信をもち，自らの学びを新たな活動に生かすような指導を行う．

　対話的な学びの視点では，他者との協働や伝え合い交流する活動により学びを質的に高めるようにする。双方向性のある活動を通して，感じ，考え，気付くなどの学びが展開されるようにする．

　深い学びの視点では，生活科の特質である児童が思いや願いを実現する過程で一人一人が自分との関わりで対象を捉えていく学習活動を充実する．このことにより，気付いたことを元に考え，新たな気付きを生み出し，関係的な気付きを獲得するなどの学びが実現する．児童が様々な事象を関連付けてとらえる

ことなどができるような教師の関わりを実現していく．

なお，「解説」には，生活科の学習過程例①〜④が示されている．「①思いや願いをもつ」「②活動や体験をする」「③感じる・考える」「④表現する・行為する（伝え合う・振り返る）」この学習過程は，単元展開を構想する上で基本となるが，順序の入れ替わりや複数のプロセスの一体化等も含めて，弾力的にとらえる必要性があるとしている．また，単元の中のみでなく，日常生活への拡大の中で，繰り返し行われ，深い学びを生み，気付きの質を高めるための目安ともなるとされている．

2 主体的な学びに向けた生活科の学習指導のポイント

教科創設期から継承されている生活科の学習指導の基本的な考え方を踏まえ，今回の学習指導要領における授業改善の視点「主体的な学び」に向けた生活科の学習指導にポイントについて考えていく．

(1) 「！」「？」を生む対象との出会いと教師の見取り

生活科の学習過程は，児童が自分の「思い」や「願い」をもち，その実現に向けた活動や体験が行われる過程である．児童一人一人の切実な思いや願いを実現していく過程であるからこそ，児童の主体性が発揮され，児童自ら対象に積極的に働きかけ，体験活動と表現活動の繰り返しの中で学びの質が高められていく．その原動力となるのは，児童が対象と直接関わる活動の中で「自分でやってみたい」「○○をしてみたい」という児童の好奇心である．

児童が「やってみたい」「してみたい」という思いや願いを抱くためには，対象との出会いの中での，たくさんの小さな「！」（驚き）「？」（疑問）を発見することが重要である．その対象には，児童がまだ気付いていない問題が内在しているとともに，対象との出会いや対象と十分関わることのできる場と時間の保障が必要である．例えば，秋の公園で遊び，落ち葉や木の実を集めて，教室に戻って来た1年生の児童の休憩時間の様子である．児童は持って帰った落ち葉を袋から出して触ってみたり，木の実を取り出して机上で転がしたりし

て遊んでいる．対象（ここでは秋の自然）との関わりを自発的に継続している姿である．つまり，前時までの活動が児童たちにとって，没頭できる楽しい遊びや対象との出会いの時間であったことがわかる．

　児童に生まれた好奇心を生かし，主体的な学びとするために，時には授業の時間のみでなく，休憩時間等における一人一人の興味の方向を見取ることも必要である．この事例では，教師は次の生活科授業の学習材となる落ち葉や木の実を休憩時間に袋から出して自由に触ったり，遊んだりすることができる環境づくりをしている．児童が「やってみたい」「してみたい」という思いや願いを持つことからスタートする主体的な学びに向けて，教師は児童の好奇心を生む対象との出会いを設定し，一人一人の興味・関心の方向を常に見取り，生かしていくことが大切である．

(2)「自分の成長への気付き」につながる就学前の児童一人一人の経験の把握
　児童一人一人の思いや願いの実現に向けた学習過程において，その学びが次の主体的な学びへと発展するためには，児童が学習を振り返ることをとおして，自分の成長や変容に気付き，次への意欲を高めていくことが重要である．
　小学校入学前の多様な経験は，主体的な学びに向かう児童の好奇心につながるとともに，小学校での学習において，児童一人一人が自分の成長や変容を考える上で重要な役割を持つ．
　小学校1年生の児童が生活科でアサガオを育てる活動は，一人一人にとって異なる体験である．保育所で苗から野菜を栽培した経験をもつ児童にとっては，初めて「たね」から植物を育てる体験となる．また，幼稚園で先生や園児みんなと花壇の花を育てた経験をもつ児童にとっては，初めて自分の花を最後まで「ひとり」で世話をするという体験となる．このように，同じ体験や活動であっても，一人一人の「できるようになった」という成長や変容は異なっている．教師は，学習前の児童の経験について，例えば，アサガオ，ミニトマトという「何を」に加えて，「誰と」「どのように」などについても把握し，学習の中で児童一人一人の成長や変容を見取り，支援していくことが大切である．
　児童が，これまでの経験をもとに新たな挑戦をし，前より「できるようになっ

た」「頑張った」という自分の成長やよさに気付くことは，次への期待や意欲を高め，主体的な学びにつながる．

(3) 学習の振り返りに向かう伝え合う活動

　児童が自分の成長やよさに気付くためには，学習の振り返りが必要となる．しかし，入学したばかりの児童自身が学習を振り返り，「種から花を育てることができた．」「自分一人の力で野菜の世話ができた．」という自分の成長に気付くことは難しい。低学年の生活科においては，相手意識や目的意識をもった伝え合う活動の中で，児童自らの学習活動を振り返ることが効果的である．学習過程や学習の成果を伝え合うことを通して，児童は「できるようになった」「がんばることができた」自分自身の成長や変容について考える．それは，自分のよさや可能性という自分自身への気付きとなる．この自分自身のよさや成長への気付きは，これからも自分が成長し続けることへの期待や意欲を高めていく．このように，伝え合う活動の充実を図ることが，学びにおける児童の主体性の育成につながる．

(4) 試行錯誤の過程における教師の言葉かけ

　試行錯誤や繰り返し対象と関わる活動は，児童が事象を深く観察したり，関係性に着目して予測しながら試したりすることにつながる．しかし，初めての活動や体験では，予測し，見通すことは難しい場合が多い．活動や体験の中で，一人一人の児童が「！」（驚き）や「？」（疑問）を自覚し，自分のものとするためには，教師の言葉かけによる支援も必要である．
　「○○さんは，このことに驚いたのね．」「○○さんは，このことを不思議だなと思っているんですね．」と児童に返す言葉かけも有効である．
　例えば，ゴムの力で紙コップを跳ばすおもちゃを作っていたある児童は，もっと高く跳ぶように，紙コップの上に画用紙で様々な部品を作ってつけていくという工夫を続けていた．しかし，おもちゃは高く跳ばない．さらに部品を増やして跳ばしてみると，前よりさらに跳ばなくなったのを見て，その児童は「やっぱり」とつぶやいた．その時，教師は「『やっぱり』ってどう思ったの．」とそ

の児童に尋ねると,「やっぱり,上をおもくしたら,どんどんとばなくなる.」という答えが返ってきた.児童の活動を見守っていた教師は,児童が予想したことを言葉に表現させることをとおして,重さに着目していることを,児童自身に自覚させている.この後,児童は上の紙コップを軽くする工夫,つまり,予測しながら試す活動を始めた.このような教師の言葉かけは,児童の行動や発言に対して,適時適切に行われることが大切である.そのためには,授業づくりの段階で児童の活動や反応を想定しながら言葉かけを準備することも必要である.この事前準備を行うことは,実際の授業において視点に基づく見取りが可能となり,たとえ児童の反応が予想とは異なっていてもその場の思い付きではない適切な言葉かけを行う上で効果的である.

3 対話的な話し合い活動に向かう生活科の学習指導のポイント

授業改善の視点の一つである「対話的な学び」について考えてみる.対話的な学びは,児童同士の協働,教職員や地域の人との対話,先哲の考え方を手がかりに考えること等を通じて自己の考えを広げ深めていくことを目指している.つまり,多様な表現に触れることによって思考を広げたり,深めたりする学びである.生活科の学習においても,身の周りの様々な人々と関わりながら活動に取り組む,伝え合う,交流するなどの協働や対話によって,児童の発見が共有され,その関係性がわかったり,新しい気付きを生んだりしていくことが期待される.そのような「対話的な学び」の実現を目指すために低学年段階での対話の在り方を具体的に考えていくことにする.

(1) 独り言から「話し合い」へ

対話的な学習として,生活科に限らず,他教科においても,授業の中でグループ等での話し合いが多く取り入れられている.子供たちは思ったことや頭に浮かんだ考えを自由に発言し,学級全体が活発な盛り上がりを見せている.

グループでの話し合いは,児童が自分の考えを言葉として表現してみることにより,自分の考えに気付く上では意義のある活動である.また,他の児童も

友達の言葉に触れることもできる．しかしながら，グループでの話し合いの様子を見ると，それぞれが思ったり，考えたりしたことの一人一人の言葉，つまり，独り言が中心となっており，話し合いや対話になっていない場合がある．

　児童がみんなで話し合って良かったという実感を持つためには，目的意識が重要である．生活科の授業においても，グループの話し合いを行うためには，児童にとって必要感のある設定することが必要である．例えば，学校の周りで見つけたお気に入りの場所や人々を他のグループの友達や学級の保護者に紹介する方法についてのグループ内での話し合い等は，目的意識や対象が共有され，児童にとって必要感がある話し合いとなる．

(2) 話し合いが「対話的」になるための教師の支援

　児童にとって，必要感のある話し合いであっても，時には，それぞれの児童が自分の思いを相手に理解し，承認してもらいたいという願いのみが強くなり，対話的にはならない場合も見られる．例えば，低学年の児童なりに，話し合いが「対話的」になるためには，次のような手立てが考えられる．

＜話し合いの準備段階の支援＞

　先に紹介した学校の周りのおすすめの場所や人の紹介の話し合いでは，児童一人一人が自分の意見をグループ内のみんなに伝えるために発表メモ等にまとめる活動を事前に設定してみる．一人で発表内容を考えることが難しい児童については，教師がその思いを聞き取り，一緒にまとめるなどして，どの児童も自分の考えを持って話合いに参加できるような支援も必要である．

＜話し合いの開始時の支援＞

　グループの話し合いに入る前に，全員で話し合いのめあてを確認し，低学年なりにゴールイメージの共有化を図り，発達段階に応じてそれに向けての方法も示しておくことも大切である。次はその一例である．

○友達の発表中は，自分の意見と違っていても，他の人の考えを最後まで聞き，「いいな」というところを見つける．

○グループ全員の考えを伝え合った後は，みんなの提案を合わせたり，自分の考えを少し変えたりしながら，新しい一番良い方法になるようにする．

このような，話し合いの準備や開始時の支援を行うと，児童一人一人が自分なりの考えを予め持つことにより，その場の思いつきの発言だけになることを避けることができる．また，人の話を聴く時，自分と異なる考えを排除するのではなく，相手の考えを理解しようとする態度を育てることもできる．低学年の児童には，自分の考えを白紙にして他者の考えを聞くことは難しいため，ゴールイメージを持たせ，「いいな」と思うところを見つけるという具体的な指示が効果的である．

　また，全員の意見が終わった段階で，みんなの考えを合わせたり，自分の考えを「少し変えたり」しながら目標に向かって，より発展的なものを創り出していくことは，みんなで解決する楽しさを実感することにつながる．このような話し合いを教師が支援することで，低学年なりに対話のよさを実感でき，中学年以降の教科等での対話的な学びにつながると考えられる．

(3) 多様な表現を通した対話へ

　対話の対象は，学級の児童に限らず，教師，地域の人，ゲストティーチャーなども含まれる．さらに本などの多様な表現を通じての対話も考えられる．しかし，読み聞かせや読書を行っても，それが対話とはならない場合もある．対話においては，自分と異なる考えや意見に接し，自分自身と自問自答することが必要となる．児童の思いや願いの実現に向かう学習過程において，児童は多様な表現活動を通して自分の考えを伝え，他の人の考えに出会い，共有し，新しい視点のものを創り出して問題を解決していく．低学年段階からのこのような「対話」的な学習過程の経験は，児童が自分で問い，自分で考え，自分なりの答えを見つける深い学びにつながるであろう．

　以上のような対話的な話し合いにおいては，それを支える学習規律が重要となってくる．「はっきりと話す」「だまって聞く」ことが定着した段階で，「相手に自分の考えを分かってもらえるように話す」「相手が話しやすいように聞く」等の「自分の考えを届ける」「話し手を支える」学習規律への発展を図りたい．また，各児童が地域・家庭で日常使っている多様な言葉づかいが，誤解を招き，相手の児童にとっては強い口調として受け取られることもある．そこ

で入学直後からある程度共通な「授業中の丁寧な言葉づかい」ができるように指導にしておくことで，どの児童も安心して学級の児童や学校内外の多様な人との話し合いに参加することが可能となる．

第2節

生活科の学習指導における教科書の活用

「生活科に教科書は必要か」という声もあった中で生活科の教科書は創刊された．生活科の初期の教科書には，「椅子や机のない教室で活動する児童」「掲示板に作品を自由に掲示している児童」が描かれ，教師が前面に出ることはない．それまでの伝統的な学校教育に対して問題提起をした生活科において，教科書はその考え方を具体的に表現したといえる．生活科創設後，生活科の教科書は，教科の趣旨の具現化，年間指導計画，単元構成，活動の流れ，単元名に至るまで，全国の教師が新教科のイメージをつかむモデルとしての役割を果たしてきたといえる．ここでは，生活科の学習指導における教科書の活用について具体的に考えていく．

1 主体的・対話的で深い学びに向けた授業モデルとしての活用

生活科の教科書は，他教科と同様に，学習指導要領の改訂毎に，その趣旨を踏まえ，記述内容の再構成や変更がなされてきた．

生活科においては，特に平成23年度以降，それまでの教科書とは異なる記述が見られるようになっている．教科書では常に児童の背後に描かれ，それまで言葉をほとんど発することがなかった教師自身が，吹き出しをとおして，児童に発問し，言葉かけを始める姿を描いた教科書が現れるようになったのである．生活科誕生から20年を経て，教科の趣旨が理解され，教師の役割，教師の指導・支援の在り方が具体的に紙面上に示されるようになったといえる．教科書には，児童の気付きをつなげる教師の発問，学びの価値に迫る教師の褒め言葉が，単元展開の中で登場する児童と教師の発言として記述されている．これは，児童

自身が自分に向けられた発問や言葉かけとして，受け止めるとともに，教師も学習指導で生かす事ができる．

　また，教科書に登場する児童の発言は，実際の授業場面で子供たちの発言の中から，次へ発展する価値を教師が見つける際の参考となる．初期の教科書には描かれなかった正面黒板も，現在の教科書では教師が児童の発言を整理し，関連づける板書例として位置付けられている．このように，現在の教科書は，児童の学びを深める教師の役割や具体的な指導・支援の在り方のモデルとしても教師が活用することができる．

　生活科の教科書では，登場人物が自分の願いの実現に向けて体験と表現を繰り返しながら成長する姿が描かれている．教科書を使用する児童と教師にとっては，単元を見通した主体的な学びにつながる授業の具体的なモデルとすることができる．例えば，内容(6)の「うごくおもちゃづくり」の単元では，「単元前の児童の生活経験」「対象との出会いの中での驚きや疑問」「こうしたいという思いや願い」という一連の活動が具体的なイラストや写真で描かれている教科書もある．

　さらに，生活科教科書においては各単元のページを最後まで通して眺めると，一つのストーリーとなっている場合も多い．単元前の児童の生活経験から発するつぶやき，対象との出会いの中での「！」「？」，自分の思いや願いの実現に向けて登場人物が体験と表現を繰り返していく．

　このように，現在の教科書は，児童と教師にとって，活動を見通し，主体的な学びにつながる授業づくりのモデルとして活用することができる．

2　児童の発達段階や成長に沿った指導を進めるための活用

　生活科の教科書に登場する児童の成長の様子を追って行くと，発達段階に沿った指導が見えてくる．

　生活科の教科書には，どの学級にもいるかもしれない主人公が1年間，または2年間継続して描かれている場合が多い．それぞれの児童に個性をもたせ，単元の中で活動するのみでなく，上巻・下巻の中で成長していく姿が描かれて

いる教科書もある．児童は，教科書の登場人物とともに活動し，対話をしながら，2年間一緒に成長していく．教師は教科書に描かれた登場人物をとおして，2年間の終わりまでを見とおし，成長する児童の姿を描いていくこともできる．

　小規模校で少人数の児童で構成される学級では児童の表現や考えが広がりにくい場合がある．生活科教科書の登場人物を学級の一員として継続して扱うことにより，教科書に示されている多様な表現や異なる考えを身近なものとして児童がとらえ，それらと対話をしながら，学習を進めていくことも可能である．また，今回の学習指導要領の改訂に伴い，スタートカリキュラムの段階での幼稚園教育要領等に示す幼児期の終わりまでに育ってほしい姿との関連が，教科書に具体的に示されることも期待される．教師が教科書から小学校入学当初における幼児教育との円滑な移行のイメージをもつとともに，児童も，教科書の絵や写真と自分を重ね合わせながら，幼児期での体験を生かして学校生活で自己を発揮していくなどの活用が考えられる．生活科の教科書は，このように「教科書で児童と教師が共に学ぶ」役割としての活用が期待できる．

第3節

生活科の学習評価

1　生活科の学習評価における基本的な考え方

(1) 生活科創設期における生活科の評価

　新しい教科の在り方を示した生活科は，評価においても新しい視点を提案した．本節では，生活科創設期前後において生活科の評価はどのように考えられていたかを評価の機能の面から学習指導要領と指導要録の記述をもとにみていく．ここでは，「指導と評価の一体化」「児童の自己学習力の向上」「保護者等外部の人々への説明責任」の評価の三つの機能の面からとらえていく．各機能の概要は次のとおりである．

ア　「指導と評価の一体化を図る」ための機能

　教育がその目標に照らしてどのように行われ，児童生徒がその目標の実現に

向けてどのように変容し，どのような点でつまずき，それを改善するためにどのような支援が必要であるかを明らかにする教育改善の方法としての評価である．つまり，各学校の教育目標を実現するための教育の実践に向けた指導の改善につながる評価の機能である．

イ 「児童の自己学習力の向上を図る」ための機能

児童生徒が自らの学習状況に気付き，自分を見つめ直すきっかけとなり，その後の学習や発達を促すという自己学習力の向上につながる機能である．

ウ 「保護者等外部の人々への説明責任を果たす」ための機能

保護者や地域の人々等に対して，学校ではどのような教育を進めているのか，児童生徒にどのような資質や能力が身についているのか，児童生徒の学習状況等の課題や今後どのような改善が必要か，さらに，家庭や地域の人々とどのような協力をしていく必要があるか等について，保護者等外部の人々への説明責任を果たすための機能である．

以上の三つの評価の機能は，生活科の創設期においてどのように扱われていたのであろうか．

第一の機能である「指導と評価の一体化」については，1947（昭和22）年の学習指導要領一般編（試案）で言及されており，その後の1951（昭和26）年，1958（昭和33）年，1968（昭和43）年，1977（昭和52）年の学習指導要領の改訂においてもその機能には着目されている．しかし，実際には，評価のイメージは，児童の学習成果の最終段階をチェックし，いくつかの段階に分けるものであり，評価内容においてはペーパーテスト等によって可能である一部の知識・理解，技能等の認知的な側面が重視されていた．こうした中で，生活科の創設期は，指導のための評価という評価観が注目され，全国で取り組みが始まってきた時期でもあった。この評価観は，児童を伸ばすための評価，つまり，教師の指導のために必要な評価という考え方に立つ．また，評価内容においても，これまで重視されることのなかった関心・態度等の情意的な側面にも着目した時期でもある．活動や体験そのもの，つまり学習過程を重視する生活科にとっては，「指導と評価の一体化」に向けた評価が生活科には特に求められたのである．

第二の機能である「児童の自己学習力の向上」という側面は，指導と評価の

一体化機能とは異なり1947（昭和22）年，1951（昭和26）年の学習指導要領以降は言及されることはなかった．新たに着目されるのは，生活科誕生の1989（平成元）年改訂の学習指導要領からである．この学習指導要領の改訂に伴う1991（平成3）年の指導要録では，「生きる力」をもとに四つの観点別学習状況が各教科に設けられ，全教科の目標や内容をとおして，「生きる力」の育成へ向かうように努めるとされた．つまり，これからの評価は，教師の指導の改善のためであるだけでなく，子供の自己学習力の向上に結びつかなければならないとされた．

新教科である生活科が創設された1989（平成元）年改訂の学習指導要領においては，「指導の過程や成果を評価し，指導の改善を行うとともに，学習意欲の向上に生かすよう努めること」とされ，「指導と評価の一体化」の機能とともに，「学習意欲の向上」という側面も重視されるようになった．この第二の評価の機能は，2001（平成13）年改訂の指導要録の改訂以降も現在まで継承されている．

第三の機能である「保護者等外部の人々への説明責任」の側面については，教師の責務としてこれまで要請されることはなかったが，各学校が作成し，児童生徒や保護者に渡す「通知表（通信簿，あゆみ等）」にみられるように，これまで大きな役割を果たしてきたことは確かである．

2001（平成13）年改訂の指導要録の前文で，指導要録と保護者等に説明する評価とを別のものとしながら，「学習の評価について，日常的に児童生徒や保護者に十分説明し，共通理解が図られるよう」と説明責任と共通理解について言及している．2008（平成20）年の学習指導要領の改訂後の2010（平成22）年の中央教育審議会『児童生徒の学習評価の在り方（報告）』で，保護者の理解の促進等において，「学習評価に関する信頼を確保するためには，各学校等において，評価規準など評価に関する仕組みについて事前に説明したり，評価結果の説明を充実したりするなどして，評価に関する情報をより積極的に提供し保護者や児童生徒の理解を進めることが重要である．」の記述がみられる．

以上のように，生活科創設の1989（平成元）年以降，評価の三つの機能である学習評価は指導と評価の一体化に役立つこと，学習者が自らの成長・発達に

役立てること，そして保護者を始め学習計画に関する信頼性を高めたり児童生徒の家庭学習を促したりする契機となることが期待されているといえよう．

(2) 生活科の評価の特色

　生活科の創設以降，どのような評価が期待されてきたかについてその機能をもとに見てきた．実際の評価に当たっては，生活科がこれまで重視してきた評価の理念を理解しておく事が大切である．文部省『小学校生活指導資料　指導計画の作成と学習指導』（大蔵省印刷局，1990年）では，生活科の評価の特色として「活動や体験の広がりや深まりを評価する」，「一人一人に即した評価をする」，「実践的な態度の評価をする」の三点が示されている．生活科の評価は他の教科と評価と共通する点もあるが，生活科独自の特色も有している．このことは，生活科の学習指導の特色と深く関わっている．

　生活科の学習指導の特色を踏まえながら，評価の特色を見ていく．

　第一は，生活科は身近な社会や自然を自分との関わりの視点で児童自身が環境に働きかけ，学習が展開されるという学習指導の特色を踏まえた評価である．児童の主体的な学習活動を生み出す方向や手順が事前に検討されていないまま学習が展開されると，活動はあっても児童の学習の成果が把握できない結果となる．児童が創り出していく活動や体験の目指す方向，内容，方法について事前の検討が重要である．

　第二は，生活科は児童が自分との関わりで学習を展開し，その活動や体験そのもの，その過程を重視するという学習指導の特色を踏まえた評価である．一人一人の児童に即した視点から，その児童が自分の目標に向かって，その児童なりの気付きや行動がどのように発揮されているか，学習の過程において評価することが重要である．

　第三は，生活科は児童が生活の中で考え，工夫し，行動するようになったかを重視するという学習指導の特色を踏まえた評価である．学ぶ意欲や学習したことが児童の日常生活にどのように生かされているかという実践的な態度や行動に関わる評価が大切である．また，この評価では長期にわたる変容の見取りも重要となってくる．

(3) 2017（平成29）年改訂学習指導要領における生活科の「学習評価の在り方」

2017（平成29）年改訂の学習指導要領では，総則において「学習評価の充実」としてこれまで以上に詳しく評価について示された．この中で新たな評価の在り方として，学校教育法第30条第2項の学校教育が定める重視すべき3要素「知識及び技能」「思考力，判断力，表現力等」「主体的に学習に取り組む態度」の3観点への整理が進められたことが重視すべき点である．

総則の「学習評価の充実」を受けて，文部科学省『小学校学習指導要領解説 生活編』（2018年，以下「解説」）において，「学習評価の在り方」が示されている．「解説」では，「生活科では，特定の知識や技能を取り出して指導するのではなく，児童が具体的な活動や体験をとおす中で，あるいはその前後を含む学習の過程において，文脈に即して学んでいくことから，評価は，結果よりも活動や体験そのもの，すなわち結果に至るまでの過程を重視して行われる」ことが明記されている．

さらに「解説」では，学習過程において，児童の「知識及び技能の基礎」，「思考力・判断力・表現力等の基礎」「学びに向かう力，人間性等」を評価すること，目標達成に向けた指導と評価の一体化を求めている．

生活科の評価がより信頼性の高い評価となるように，「量的な面」のみでなく「質的な面」も評価するとともに，様々な評価資料の収集，長期にわたる評価も重要性も指摘されている．これからの評価の在り方について小学校で行われている生活科の評価方法を例に具体的に考えていく．

2　これからの生活科の学習評価のポイント

生活科はその創設期から，評価にあたっては，子供の「具体的な活動や体験の広がりや深まり」を「一人一人に即し」「実践的な態度の評価を重視する」ため，「一単位時間，あるいは一単元という短期間の評価ではなく，長期間にわたって，その変容をとらえる事が必要である．」（文部省『小学校生活指導資料　指導計画の作成と学習指導』大蔵省印刷局，1990年）とされていた．

この考え方は先述したとおり，現在まで継承されており，その評価法として，

第 3 節　生活科の学習評価　99

生活科の初期の段階からポートフォリオ評価法が広く活用されている．ここでは，各地で一般的となってきたポートフォリオ評価法を取り上げ，その意義とともに，これからの生活科の評価法としてより効果的に生かすための具体的なポイントを考えていく．

(1) 生活科におけるポートフォリオ評価の意義

ポートフォリオは，子供一人一人の学習過程や成果に関する情報や資料が，長期間にわたって，目的や計画に基づいて蓄積されている集積物である．

教科新設当初から，生活科の評価は一人一人の子供の「具体的な活動や体験の広がりや深まり」「一人一人に即して」「実践的な態度の評価を重視する」ために「長時間にわたって変容をとらえる事が必要である」（文部省『小学校生活指導資料　指導計画の作成と学習指導』大蔵省印刷局，1990年，以下「指導資料」）とされてきた．また，「指導資料」では，その評価により「学習指導を進めていくうえで手がかりとなる有益な情報を得る」ことによって，「指導計画や指導法，また学習環境等の改善を図り，指導のねらいを達成することを目指し」ており，「指導と評価は，一体のもの」としている．このような評価の進め方・考え方をもとに生活科においては，有効な評価方法として，ポートフォリオ評価は早期から着目され，取り入れられてきた．この評価方法は「子供一人一人の学習の過程と成果を時系列的に教師が評価する」ことをねらいとして活用されるとともに，この評価を進めることにより，「教師自身の指導・支援及びカリキュラムの適切さを評価する」方法としても活用されている．

(2) これからのポートフォリオ評価の活用のポイント

現在では，児童用ポートフォリオは広く活用され，生活科の授業場面において，児童が自分のファイルを開いてこれまで蓄積したカードを見たり，新たな作品を綴じたりする活動が行われている．また，総合的な学習の時間を始め，各教科等においても児童用のポートフォリオが活用されている．

このように，広く活用されるようになったポートフォリオ評価法がこれからの生活科においてより効果的に活用できるポイントについて，先述した三つの

評価の機能から考えていく．

　第一の機能である「指導と評価の一体化」においては，ポートフォリオ評価によって長期間にわたって資料を収集し，児童の学習を継続的に把握し，評価に生かすことは現在も行われている．「指導と評価の一体化」をさらに進めるために，教師は，単元の中で成長する児童の姿を描きながらポートフォリオの計画を立てることを大切にしたい．このことは，学習の過程での児童の質的な高まりの評価につながり，指導に生かすことが可能となる．

　第二の機能である「児童の自己学習力の向上」においては，ポートフォリオ評価の活用がまだ十分になされていない場合も多い．児童が授業中にファイルを開いてカードを眺めたり，学習を振り返る資料として活用したりすることは，生活科の授業の中でよく行われている．しかし，児童一人一人のファイルがカードや作品を綴じただけであれば，児童の自己学習力の育成にまではつながらない．入学当初は教師と一緒に作品を入れるファイルづくりであっても，段階的に教師が目的や意義，集めるものを説明し，児童がそれらを理解した上でポートフォリオに取り組むなどの指導を行うことが重要である．さらに，児童が目的に応じて，ファイルや箱等を選択したり，自分のテーマにあった名前を付けたりすることにより，自分自身でポートフォリオづくりをする力も育っていく．また，ファイリングしたものについて，教師と評価基準を共有しながら，児童が集めたものを自分なりに選択することや，教師が学習の中間や終末に，個別に児童と話し合う機会をもち，児童の思いを聞きながら，一緒に検討することも必要である．ポートフォリオ評価において，このような活動を取り入れながら児童自身が自分の学習について自己評価できる力を育成していきたい．

　第三の機能である「保護者等外部の人々への説明責任」においては，教師がポートフォリオを提示しながら保護者に児童の学習の過程や成果を伝えることは現在も行われている．第二の機能である「児童の自己学習力」の育成をさらに進めて，児童と保護者と教師の三者でポートフォリオをもとにした話し合いを行うことも考えられる．教師が説明するだけでなく，児童自身も自己評価の結果を保護者に説明したり，保護者も学校と連携を取りながら家庭での支援を考えたりすることも可能となってくる．

ここでは，生活科の評価方法の例として，現在多くの学校で活用されているポートフォリオ評価法のこれからのポイントを考えた．どのような評価方法においても，児童の思いや願いの実現に向けた授業づくりの中で，児童理解に基づいた学習評価を進めていくことが大切である．

参考文献
中野重人『新訂　生活科教育の理論と方法』東洋館出版社，1992年．
髙浦勝義『指導要録のあゆみと教育評価』黎明書房，2011年．
朝倉淳編著『平成29年改訂　小学校教育課程実践講座　生活』ぎょうせい，2018年．
文部科学省『小学校学習指導要領解説　総則編』東洋館出版社，2018年．
文部科学省『小学校学習指導要領解説　生活編』東洋館出版社，2018年．

第9章
生活科の実践事例

第1節

第1学年：学校探検を中心とした事例

1 はじめに

　学校探検活動は，内容(1)「学校と生活」で1年生の初期に行われる活動の一つである．本校のこれまでの実践研究から，生活科の内容を複合的に扱い，長期にわたるダイナミックな単元構成にすることで，繰り返し対象に関わろうとする児童の姿を生み，活動への意欲を維持したり，高めたりできることがわかっている（広島大学附属東雲小学校「初等教育」，2015，2016）．ここでは，「学校探検」を年間をとおして扱い，内容(1)「学校と生活」に(5)「季節の変化と生活」(8)「生活や出来事の交流」(9)「自分の成長」を絡めた長期にわたる単元構成に，【児童が相手意識・目的意識を明確にして人，もの，ことと対話し，表現し伝え合う場】を位置付けた授業実践（単元計画の第2部を中心に）を紹介する．ここでいう「対話」とは，身近な人々と関わり，話したり表現したりすることだけではなく，対象となるものやこととも直接関わり，やりとりをすることも含まれている．つまり，児童とその対象との関わり全てを対話として捉えることとする．繰り返し対象に関わる姿は，児童が対象と対話している姿そのものである．

2　1年生における探検活動

　1年生の探検活動では，【？】(不思議だな，なぜだろう，何かな) や【！】(驚いた・わかった) を発見する喜び・自分で見たり，人に尋ねたりしながら【？】が【！】に変わりわかる楽しさを実感できることを第一に目指している．児童は探検活動という対話をとおし，繰り返し関わる中で，新たな発見をしたり，「何かな．」「どうして．」「もっと知りたい．」「確かめたい．」という様々な願いや思いを新たに抱く．また，探検活動をとおして，その願いや思いを叶える楽しさや対象と関わること自体の楽しさを味わうこともでき，そうした体験は，自分から進んで関わろうとする意欲を高めることにつながると考える．

3　授業実践事例「学校たんけん」(第2部)

(1) 単元について

　学校探検第1部(4月～6月)では，6年生や2年生に案内してもらったり自分たちで探検したりしながら，探検活動そのものの楽しさを味わうとともに，学校の様子を知ることで，楽しく安心して遊びや生活ができることをねらいとしている．

　学校探検第2部（11月～12月）の授業構想をするに当たっては，次の2点を授業作りのポイントとした．

・児童が単元をとおして，相手意識・目的意識を明確にもつことができるように，児童の思いや願いに沿った単元導入の工夫と単元ゴールイメージの明確化

・表現し伝え合う場としての「ガイドブックづくり」「お試しタイム」「しののめ小おたからガイド」の設定

　学校探検第2部では，第1部を受けて，これまでいろいろな人と関わりながら学校生活を送り，見つけることができたお気に入りの場所，より親しくなった人々を【しののめ小のおたから】として紹介するガイドブックづくりやその

【しののめ小のおたから】を紹介する『しののめ小おたからガイドツアー』を設定している．それらを企画・開催することをとおして，児童が友達と一緒に楽しみながら，ぼく・わたしの【東雲小学校】と繰り返し対話し，自分たちの学校に愛着をもつことをねらっている．ガイドブックやツアーという形で人に紹介するには，現在知っている情報をより確実なものにするために再び確かめたり，新しい情報を集めたりすることも必要になってくる．その必要感が一人一人の「こだわり」となって，自分から繰り返し対象と関わり，「見たい！知りたい！　わかりたい！」という思いや願いを叶える喜び，対話そのものの楽しさを味わうことができると考える．

学校探検第3部(2月〜翌年度4月)では，通学路や学校の周りにも目を向ける．入学してからの自分の成長を振り返るとともに，自分との関わりの中で，実感した学校のよさだけでなく，入学当初ドキドキしていた自分の姿や思いを新1年生に重ねながら，伝えたい内容や伝え方を工夫することをねらいとした「しののめ小〇〇ツアー」に新1年生を招待する活動へと発展していく．

(2) 児童の実態

本学級の児童は，探検活動を好んで行っている．授業だけでなく，雨の日の休憩時間にも進んで校内探検に出かける姿も多く見られる．第1部では，一人一人が多くの【？】と【！】を見つけ，付箋紙やカードに書きためていった．この活動を踏まえ，児童は探検活動が好きな理由として，「探検するといっぱい見つけることができるから」「東雲小学校のいろいろなことがわかって面白いから」「いろいろな？が！に変わって解決できるから」「いろいろな人と仲良くなれるから」等を挙げている．また，10月中旬，本実践の64年前に東雲小学校を卒業した方々との交流会があり，それをきっかけに再び「学校のことを調べたい．」「探検したい．」という思いが膨らんでいる．卒業生の話から，現在の東雲小学校だけでなく昔の東雲小学校にも関心をもち始めている．

(3) 指導にあたって

第2部の指導にあたっては，第一次で，児童一人一人の興味関心が生まれた

り高まったりする学習材との出会いとして，交流会を行った卒業生からの手紙を紹介する．児童は手紙の返事を出したいという願いをもつと予想される．手紙には当時の東雲小学校の様子が書かれていることから，手紙の返事だけで無く，今の東雲小学校をもっと知ってもらおうという思いを引き出し，学校探検への必然性や意欲を高めていく．

　第二次では，第一次での「手紙の返事と一緒に今の東雲小学校の様子を伝えたい」という児童の願いをもとに，まず初めに，どんな風に何を伝えるのかゴールイメージを明確にしてから，活動に取り組むことができるようにする．さらに，直接会うことができない相手にどのように表現するかを考える場やお互いに紹介し合う場を設定し，『しののめ小おたからガイドブックづくり』を行う．それを見た人がわくわくして「是非そこに行ってみたい」と思うようなガイドブックづくりをとおして，相手を意識できるだけでなく，案内したい場所・もの・人のよさやなぜそれをおすすめしたいのかがより明確になると考える．また，1年生の段階なので，ガイドブックの枠組みを例示したり，学校行事「しののめまつり」やこれまでの経験をふり返ったりしながら，多様な表現方法をみんなで考え，その中から選択したり工夫したりできるようにする．

　最終的に，第三次では，まず，保護者を招待し，ガイドブックを利用した「しののめ小おたからツアー」を行う．身近な大人に表現し，伝えたことを周りから価値付けられることで，「うれしい」「やってよかった」「またやってみたい」との思いが生まれ，対象と関わることの楽しさを味わったり，継続して関わろうとする意欲を高めたりすることができると考える．さらに，表現やガイドブックに対して，より良くするためのアドバイスも受けることで，今回の学習がこれからの学びに活かされるようにしたい．そして，最終的には手紙の返事とともにできあがったガイドブックを卒業生に送り，第一次での児童の願いを達成できるようにしていく．

(4) 学習のねらい
1　学校生活に関心をもち，進んで関わったり，調べたりできるようにする．
2　自分のお気に入り（おすすめスポットや人）を，絵や言葉で表したり，伝

え方を工夫したりして，そのよさやお気に入りの理由を相手に伝えることができるようにする．
3　自分のお気に入りを見つけ，そのよさや関わることの楽しさに気付くことができるようにする．

(5) 学習内容と計画

第1部　「がっこうたんけん―しののめ小なかよしだいさくせん―」
　　　　（4月～6月）・・全10時間
第2部　「学校たんけん2―しののめ小おたからツアーをひらこう―」
　　　　（11月～12月）・・・・・・・・・・・・・・・・・・・・・・・・・・・・・・・・・・・・・・・全10時間
　第一次　77回卒業生からお手がみがとどいたよ・・・・・・・・・・・・・・・・・1時間
　第二次　『しののめ小おたからガイドブックをつくろう！・・・7時間＋休憩等
　　・紹介したい"おたから"（人・もの・場所）をえらぼう．
　　・"おたから"しらべタイム．見たい！　知りたい！　調べたい！
　　・どんなふうに紹介しようかな．―おたからガイドをつくろう―
　　・おたからガイドのおためしタイムをしよう．
　　・ガイド＆ガイドブックパワーアップ作せんかいし！！
　第三次　しののめ小おたからツアーをひらこう！・・・・・・・・・・・・・・・・・2時間
　　・しののめ小おたからツアーにようこそ．
　　・ガイドブックパワーアップ作せん2―手紙のへんじを出そう―
第3部　「学校たんけん3―通学路たんけん！そして新1年生にとどけよう―」
　　　　（2月～4月）・・全8時間

(6) 授業の実際

1) 第一次「第77回卒業生からお手紙が届いたよ」

　10月に64年前の卒業生との交流の機会があり，「同じかな？　ちがうかな？東雲小学校のことを話そう！」というめあてで，今の東雲小学校のことを紹介する場があった．卒業生との出会いで，「昔の小学校のことを少し教えてもらってびっくりした．」「もっと知りたくなった．」「今と昔を比べてみたい．」等，

新たに学校探検に対する意欲が高まってきたところに，ちょうど手紙と写真が届く形となった．児童は，手紙と写真を見て，以下のようなたくさんの【？】や【！】を発見し，次の活動への願いをもった．

表9-1-1　児童のつぶやき【？】と【！】（教師の見取りから）

- 今と違って木の校舎．1組は赤組，2組は青組と言っていて，6年生まで同じクラスだなんてびっくり．
- 給食は5年生からだったみたいだけど，4年生までは？
- 昔のバスは力がなくて坂道が上れないからバスから降りて歩いたなんてびっくり．
- 中庭にいちごは今もあるけど，ブドウ畑はないね．
- お返事を書きたいな．そして，宝さがしの地図も渡して，今の東雲小学校のぼくたちのおすすめの場所を探してほしいな．

2）第二次「しののめ小おたからガイドブックをつくろう」

　第二次の第1時では，第一次での「手紙のお礼と一緒に今の東雲小学校の様子を伝えたい．」という児童の願いから，まず初めに，どんな風に伝えるのかゴールイメージを明確にしてから，活動に取り組むことができるようにした．どんなことを伝えるのか，直接会うことができない相手にどのように表現するか考える場を設定し，それを見た人がわくわくして『是非そこに行ってみたい』と思うような宝の地図やガイドブックを作りたいという意見が出され，最終的にガイドブックということになった．10月にあった学校行事「しののめまつり」をイメージした意見が多く出された．そして，調べるという探検活動のイメージから「探偵みたい」という発想を生み，「探偵なら手帳がいるね．」ということになり，一人一人が大判の単語カードを活用した「たんてい手帳」を持って，探検活動を行うことになった．

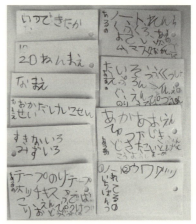

写真 9-1-1　探偵手帳

　第2時では，大判の単語カードを活用した『たんてい手帳』を各自がもち，【おたから】を探すための学校探検を行った「ガイドブック」「探偵」「探偵手帳」といった言葉が児童のわくわく感を生み，探検活動への意欲を高めていった．そして，自分の書いたカードの中から紹介したいお宝を一つ選んだ．その結果，11のお宝グループに分けられた．これ以降の探検活動は紹介したいお宝別グループで行った．グループは以下に示すとおりである．

表 9-1-2　児童が選んだ紹介したいお宝と人数

・給食室（2人）・図書室（4人）・保健室（2人）・売店（2人）・しののめ湯（2人） ・先生（4人）・しののめの森（3人）・砂場（4人）・ふしぎな木（2人） ・うさぎ（4人）・給食メニュー（3人）

　第3時と休憩時間を合わせて，探検活動を行った．図9-1-1にC1児の書いたワークシートを示す．C1児は2日にわたって4枚の大きなカードのたんていメモを書いている．授業中だけでなく，休憩時間も利用して，何回も売店を訪れ，「売店はいつできたか．」「売店の中にあるもの」「売店でよく売れるものベスト3」など売店に関する質問をしてきていた．

第1節 第1学年：学校探検を中心とした事例

図 9-1-1　C1 児のたんていメモ

　第4時からは，グループごとにガイドブックの作成に入った．書きためた「たんていメモ」の中からガイドブックに入れる情報を選び，児童の思いで自由に書くことができるようにした．枠は示さず，どんな形式でも対応できるようにA4サイズの白紙と後からでも容易に入れ替え可能な10ポケットのクリアファイルを準備した．おじいちゃんおばあちゃんからの手紙と写真を掲示し，ガイドブックを作っているめあてを意識できるようにした．また，表紙から作成し，

110 第9章 生活科の実践事例

自分たちのグループは何を伝えたいのかをはっきりとさせてから，ガイドブック作りに取りかかることができるようにした．図9-1-2は児童が作ったガイドブック表紙の一部である．

図9-1-2　ガイドブック表紙

図9-1-3に売店グループが作ったガイドブックを示す．（○の数字はガイドブックのページを表す．）

第1節　第1学年：学校探検を中心とした事例　　111

①

目印としてのゴリ山先生と矢印
③

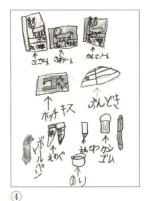
④

⑤

紙を貼って答えを隠す
⑥⑦

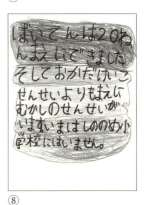
⑧

⑨

⑩

⑪　　　　　　　　　⑫

図 9-1-3　販売店ガイドブック

写真 9-1-2　ガイドお試しタイムの様子とガイド帽子

　第5時では,「おたからガイドお試しタイム」を行い,お互いにガイドブックやガイドを見合う活動を行った.児童のガイドに対するモチベーションを高めるため,グループごとにガイドバッジを作成した.その時の様子を写真9-1-2に示す.

　また,お試しタイムで他のグループからもらった『花ちゃんコメント』(花丸の花ちゃん,＜よい点＞),『おうちゃんコメント』(応援するよの気持ちを示すおうちゃん,＜アドバイス＞)を表9-1-3に示す.

表 9-1-3　他のグループからもらったコメント（ワークシートより抜粋）

	みんなからの【花ちゃん】コメント	みんなからの【おうちゃん】コメント
内容	・クイズがあってよかったよ． ・クイズがあって楽しいね．おもしろい． ・ガイドを聞いて行ってみたいなと思ったよ． ・りゅうの木とびわの木の本物をみたくなったよ．	・もう少し詳しく言ってほしいな． ・クイズがちょっと難しいと思う． ・本物が見たいな． ・クイズとかを入れるといいよ． ・説明が短いから次は長くしてね． ・順番がぐちゃぐちゃでわかりにくいよ．
ガイドブック	・絵が本物みたいだよ． ・ゴリラーマンがおもしろいね．	・絵が見えにくいよ． ・もうちょっと色を濃く塗った方がいいよ．
話し方	・大きな声でいいよ． ・声が大きくて楽しかったよ． ・さっきより声もよかったよ． ・一人でもがんばってたよ． ・大きな声ではっきりと言えているね．	・ゆっくりはっきりと． ・声がだんだん小さくなっていっているよ． ・姿勢をよくして発表した方がいいよ． ・笑ってやった方がいいよ． ・発表のとき，ガイドブックの前に立たない方がいいよ．

第5時のお試しタイムを受けて，それぞれのグループで修正を行った．児童がどのような修正を行ったかを表9-1-4に示す．

表 9-1-4　お試しタイム後の改善点

内容	・保健室探偵と売店探偵がクイズをしていたので，まねをして自分たちもクイズを入れた． ・説明する順番と説明の文章を変えた． ・クイズの内容を変えた． ・クイズの問題の出し方が同じにならないようにした． ・クイズの数を増やした． ・うさぎの特徴をもっと説明した方がよいと言われたので文章を書き直した． ・文章が間違っていたのでなおした． ・もう少し詳しく言ってほしいと言われたので，問題をかえたり，言葉を変えたりした．
ガイドブック	・話す順番に合わせて，絵の順番を入れ変えた． ・地図を書き直した．地図を書き直すとガイドブックの本物ぽくなった． ・売店チームの地図を見て，地図にマークだけでなく，名前を書き入れて分かりやすくした． ・絵がもう少し見えるよう詳しくと言われたので，わかりやすく教えられるガイドにしようと絵や文をなおした．
話し方	・森チームにアドバイスをしてもらって，ファイルの前に立たないようにした． ・びっくり！の言い方を工夫した．（動作つけて）ポーズを工夫した． ・給食チームのCMが楽しかったのでちょっとまねしてみた． ・下を向かないように気をつけた． ・大きな声ではっきりと⇒2回目はもう少し大きな声を出すようにがんばった．
その他	・ミントの本物を出すのを忘れたから，ツアーでは忘れないように ・給食室の中を見て確かめたくて，もう一回給食室のドアを「トントン」した．

3）第三次「しののめ小おたからツアーをひらこう！

　12月に学級の保護者を対象に表現する場「しののめ小おたからツアー」を行った．実際に，少し緊張しながらも，大人を相手にガイドを行い，大人から【花ちゃんコメント】や【おうちゃんコメント】もらうことで，ガイドやガイドブックをさらによりよいものにしていこうという意気込みが感じられるツアーとなったり，さらに自分たちのガイドブックやガイドをパワーアップさせることに繋がったりした．表9-1-5に保護者が書いたツアーを終えての気付きを示す．

表9-1-5　しののめ小お宝ガイドツアー時の児童の様子（保護者の記述から）

内容	・自分たちで選んだお宝について，どのようなことを調べ，どのような説明を加えたら，外から来た人たちに学校の特徴や魅力が伝わるかということをいろいろと工夫して考えていることがよくわかった． ・自分たちのお宝を「分かってもらいたい」「紹介したい」という気持ちが全ての児童から伝わってきた． ・グループの4人で先生のところへ行き，情報を集めたり，自分たちの手で砂場の貝殻を集め，何色の貝が多いのか調べたり，自分たちの歩幅で砂場の縦横の長さを測ったりと1年生なりに自分たちで考えて発表し，笑いも交えて面白かった． ・「しののめゆ認知アンケート」をしていたのがとても面白かった． ・児童の目の付け所，興味の対象が大変面白かった．具体的な数字を挙げて発表していたので，聞いている方もイメージしやすかった．
ガイドブック	・とてもきれいでたくさん書いてあったのでびっくりした．観察したことをくわしくまとめることができていた． ・文章がしっかりしていて，日頃の学習成果が出ていると思った． ・よく調べていて，わかりやすい資料ができていることに驚いた．普段知ることのできない東雲小学校のことを知ることができて，本気で「へぇ.」と感心した． ・文章だけでなく，細かく絵を描いたり，色をぬったりしてあり，感心した．そのコピーをもらって全部のスポットを回りたかった．
話し方	・できるだけ資料を見ずに保護者の顔を見て説明しようと一生懸命にがんばっていた． ・楽しそうにやっていて，見ている側も楽しく見ることができた． ・笑いが絶えず，役割分担をしっかりして発表していたのがよかった． ・現地で堂々と発表することができていた． ・表情がとてもよく，1年生でもこんなにも表現することができるのかと感心した． ・どの児童も笑顔で声も出ていてしっかりとアピールすることができていた． ・声が大きく，伝えたいという気持ちがよく分かった． ・自分のことを聞いてもらいたいというパワーが爆発していてとても楽しい時間だった． ・児童が人前で話すことに全力に取り組み，自信をもって話していた． ・自分たちで調べたことを人にわかりやすく伝えるのは難しいが，相手に話しかけるクイズ方式や絵・写真を用いて視覚的に示すといった工夫はすばらしかった．
その他	・参加型だったので楽しかった． ・児童が楽しく学んでいくことができる授業はとてもすばらしいと思った． ・この授業を通して，友達の輪が広がった． ・友達と分担して役割を果たしているのを見て，協力して作り上げる力が育っていると感心した． ・物事を知ろうとする好奇心や興味について深く調べる力が養えそう．何よりも人前で話す度胸がついたと思う． ・ガイドを終えて教室に戻ってきた児童がみんな笑顔だったので達成感があったんだなと思った． ・おみやげにもらったミントを子どもと一緒に育てていきたい． ・ガイド別に個性があって，児童が話し合って決めたんだろうなと思うと胸が熱くなった．みんなきらきらしていて，これまでの9か月間たくさんのことを学んできたのだと思った．

第3部については紙面の都合で割愛することとする．

4 おわりに

たまたま交流会があり，卒業生との出会いをきっかけにした単元構成で授業実践を行っていった．今回の実践を通して，改めて児童の思いや願いを出発点に単元構成をすることの大切さを認識することができた．児童のもっと○○したいという意欲を引き出し，対象と関わる楽しさ，対話しながら追究する面白さを味わうことができるようにするためには，やはり児童の思いや願いに即した単元構成にすることが必要である．

明確な相手意識や目的意識が生じるような手立てとして，児童にとって身近で特別な出来事である卒業生との交流会や卒業生からの手紙は効果的だった．漠然とした相手ではなく，顔が思い浮かぶ相手を対象とすることで，○○さんに〜したいという強い願いを引き出すことができる．明確な相手意識と目的意識があり，さらに表現し伝え合う場を通して，よりよいものに変容していく過程も見えてきた．そして，明確な相手意識や目的意識があるからこそ，対象と繰り返し関わりながら学びを深めていくことが可能になる．

参考文献
中野真志，加藤智『探究的・協同的な学びをつくる　改訂版―生活科・総合的学習の理論と実践―』三恵社，2015年．
広島大学附属東雲小学校『平成26年度　教育研究　初等教育』，2015年．
広島大学附属東雲小学校『平成27年度　教育研究　初等教育』，2016年．
文部科学省『小学校学習指導要領解説　生活編』，東洋館出版社，2018年．

第2節

第2学年：野菜の栽培活動の事例

1　はじめに

　本節では，平成29年告示「小学校学習指導要領」の趣旨に基づく2年生の野菜の栽培活動の在り方について提案する．
　今次改訂では，具体的な活動や体験を通して育成する資質・能力，特に，「思考力，判断力，表現力等の基礎」が具体的になるように見直され，内容の一文の中にそのことが明確に書き込まれている．野菜の栽培活動の根拠となる内容(7)では，「それらの育つ場所，変化や成長の様子に関心をもって働きかけることができ」の部分が該当する．このように対象について感じ，考え，行為していくとともに，その活動によって，気付きの質が高まることが，生活科における「深い学び」であると言える．また，「主体的・対話的で深い学び」を実現するために，「年間や，単元など内容の時間のまとまり」がこれまで以上に重要視されている．ここまでを簡潔にまとめれば，児童が深く思考し，気付きの質を高めていくような単元のデザインの在り方を考えていく必要があるのである．
　以上のことに加え，栽培活動の固有の問題として，日常の世話という常時活動が児童の活動の中心であるがゆえに，その常時活動と生活科の授業が有機的につながっていない事例が散見されることが挙げられる．それを解決するために，東京都小学校生活科・総合的な学習教育研究会の第1分科会では，平成25～29年度まで，単元のデザインの在り方の研究を行い，「授業での活動を中心に単元が進行していくタイプ」「常時活動での活動が単元の中心となるタイプ」「家庭での活動と授業での活動が往還するタイプ」という3タイプに分類することを提案している．栽培活動は2番目にあたり，常時活動の中で生じた気付きや問題を取り上げて授業化し，学級全体の学びとしていくことが求められる．
　これらの問題意識を踏まえ，「A　2年生の生活科の授業開きはどうあるべきか？」「B　野菜の栽培活動の種まきまでの過程はどうあるべきか？」「C

常時活動と生活科の授業をいかに有機的につないでいくか？」「D 異なる数種類の野菜を育てることのよさをどのように活かすべきか？」「E 単元の終末をどのように創るべきか？」という具体的な5つの問いを設定した．これらのことについて，活動の実際を基に考察してみたい．

2 単元について

(1) 単元名

「せかいいちおいしいなつやさいを　たのしくやさしくそだてよう！」

（第2学年：5月～10月）

(2) 単元の目標

自分が選んだ野菜を栽培する活動を通して，それらの育つ場所，変化や成長の様子に関心をもって働きかけることができ，それらは生命をもっていることや成長していること，自分の世話の工夫や頑張りに気付くとともに，自分や友達の野菜への親しみをもち，大切にしようとする．

(3) 学習指導要領上の位置付け

1）内容構成の具体的な視点		2）主な学習対象	
キ	身近な自然との触れ合い	③	友達
ク	時間と季節	⑪	身近な自然
コ	成長への喜び	⑭	植物
サ	基本的な生活習慣や生活技能	⑮	自分のこと

3）中心となる内容
内容（7）動植物の飼育・栽培
　動物を飼ったり植物を育てたりする活動を通して，それらの育つ場所，変化や成長の様子に関心をもって働きかけることができ，それらは生命をもっていることや成長していることに気付くとともに，生き物への親しみをもち，大切にしようとする．

(4) 教師の思いや願い

本単元は，自分で選んだ野菜を自分の植木鉢で栽培する活動が中心となる．自分なりの理由を基に野菜を選ぶことにより，どのような場所や世話によって育つのかに関心をもつことができ，また，少人数の友達が自分と同じ野菜を育て，その他大勢の友達が異なる野菜を育てることにより，変化や成長の

様子への関心を高めることができると考える．さらに，同じ野菜や異なる野菜と比べたり，これからどうなるのかと見通しを立てたりすることで思考力が育成され，気付きの質も高まることが期待できる．

(5) 単元の活動計画

児童の実態	・1年生の生活科では，見通しを立てたり振り返ったりして活動を自ら創り出すことを経験している． ・1年生では，アサガオの栽培活動を経験している．	・1年生のアサガオの栽培活動の経験を想起させ，次は食べられるものを育てたいという意欲を高める． ・学級文庫に野菜の図鑑や資料などを置いておく．	きっかけの工夫
単元に向かう思いや願い	・2年生になったから，野菜を育ててみたい！ ・実がなって，家族で食べるのが楽しみだな．		

↓

小単元名（時数）	○主な学習活動　【 】5つの問いとの対応(116～117頁参照)
なにを そだてようかな （3）	○1年生の生活科の経験を振り返る．【A】 ○園などでの栽培活動や1年生のアサガオの栽培活動の経験を話し合う．【B】 ○育てたい野菜の種類を出し合う．【B】 ○それぞれの野菜の育て方を調べる．【B】 ○自分が育てる野菜を決める．【B】
さあ，そだてるぞ （10＋常時活動） （夏休み）	○自分の植木鉢に種まきをする． ○世話や観察をする．【C】 ○気付いたことを伝え合ったり，困っていることを相談し合ったりする．【D】 ○野菜の収穫をする．
おいしかったよ たのしかったね （3）	○枯れた野菜を片付ける．【E】 ○単元の活動を振り返り，野菜との関わりや自分の成長などについて，文章などで表現する．【E】

↓

単元の終わりまでに育ってほしい姿	自分の野菜に愛着をもち，成長を楽しみにして，自分の生活を豊かにしようとするようになる．

3 活動の実際

A 2年生の生活科の授業開きはどうあるべきか？

　本校は25学級という比較的大きな規模の学校で,学級編成を毎年行っている.したがって,本学級は持ち上がりの2年生ではなく,学級編成を経験していることから,まずは1年生の生活科の経験を出し合ったり,生活科の学び方を共通理解したりすることが,今後の学びの深まりには重要だと考えた.

　そこで,2年生の最初の生活科の授業では,はじめに,隣の席の友達とペアになって1年生の生活科の思い出を振り返り,1枚の画用紙にイメージマップとしてまとめていった.次にそれらを発表し合い,私が黒板に全体のイメージマップとしてまとめていくと,黒板は1年生の生活科の思い出でいっぱいになった.整理をして書いていたので,「黒板のこのあたりは,一言で言うと？」などと尋ねると,「季節！」「花！」「生き物！」「探検！」「家族！」「自分！」「思い出！」というように,1年生の生活科のキーワードが明確になっていった.

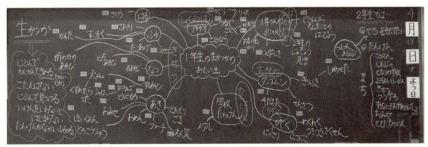

写真9-2-1　1年生の生活科の思い出と学び方などをまとめた板書

　ここで,「生活科って,どんなふうに勉強を進めていくの？」と問いかけた.すると,「自分で考える.」「自分たちで決めていく.」「自由なのが楽しい.」「答えはないから,自分で見付けないといけない.」「意見を言わないと始まらない.」「国語や算数みたいに,今日はこれ,明日はこれって変わっていくんじゃなくて,一つのことを長くやって,広がっていく.」など,生活科の学び方について,子供たちの言葉で語られていった.そこで私は,「ということは,2年生の生活科も,やりたいことをみんなで出し合って,決めていかないといけないね.

1年生の生活科の思い出が黒板にたくさん出ているから，これを参考にして，2年生でやりたいことを考えてみよう！」と投げかけた．

　子供たちは，探検と栽培に特に関心をもち，次の二つの意見を出してきた．一つは，「学校探検をしたから，できるかわからないけれど，今度は学校の外に出て，公園に行きたい．」「きれいな桜が咲いているから，みんなで見てみたい．」「好きなところやおすすめの場所を紹介し合いたい．」「好きなお店もあるよ．」など，町探検をしたいという意見．そして，もう一つは，1年生のときは花を育てたから，2年生では野菜を育てたいという意見であった．しかも，育てたい野菜を自分で選びたいという意見まで出てきたので，その週末にその候補を考えてくるように伝え，野菜の栽培活動の単元へとつながっていった．

　このように，1年生の生活科の経験を想起することで，生活科の学び方を再度共通理解し，継承することを確認できるとともに，内容や活動の広がりや深まりをイメージすることで，自然と2年生の単元へとつなげることができた．意図的な出会いを演出し，単元へと誘う方法もあるが，これまでの経験が充実していれば，子供たちの考えを基に新しい単元に入ることができるのである．

B　野菜の栽培活動の種まきまでの過程はどうあるべきか？

　子供たちが週末に考えてきた野菜の候補を出し合うと，果物も含めて全部で33種類にも上った．嬉しいような，困ったような表情をしている子供たち．そこで私が「さあ，ここからどうする？」と問いかけると，「自分が育てたい野菜を選ぶ！」というウキウキした声があがる一方で，「育てられない野菜がある．」「果物も入っている．」という意見も出てきた．そこで，考えるべき条件を話し合ったところ，①野菜と果物を分ける．②アサガオの植木鉢で育てられるものを選ぶ．③春に種まき，夏に収穫の野菜を選ぶ．という三つに整理することができた．これまでの経験を思い出したり，生活科の教科書を見たり，また，野菜の図鑑や資料などを調べたりしながら，これらの三つの条件の下で33種類の野菜と果物を絞り込んでいくと，「キュウリ」「ミニトマト」「ピーマン」「オクラ」「ナス」「インゲンマメ」「エダマメ」の七つの野菜に決めることができた．

　この7種類の野菜から，子供たちは自分が育てたい野菜を選んだ．「選ぶ・

決める」という活動には，その子の個性やよさが表れるものである．「ナスがすきで，たくさんたべたいからです．」という写真9-2-2のカードのように，自分の好みを基に選んだ子もいれば，「選んだ理由は，保育園のときもキュウリを育てていて，そのときキュウリを食べたらすごくおいしかったから，また食べたいと思ったからです．」とこれまでの経験を基に考えたり，「お母さんが昔，ミニトマトを育てていたんだけど，そのミニトマトが枯れてしまったから，今度は私が育ててみたいです．」とリベンジしよ

写真 9-2-2　ナスを選んだ理由を記したカード

うと思い立ったり，「諦めないで水を毎日やって，おいしいキュウリを家族で食べたいからです．」と家族で食べることを楽しみに思ったりする子もいた．中には，「ナスを選んだのは，なすがちょっと苦手だからです．好きになって，ママたちに言いたいです．」と苦手を克服しようとあえて嫌いなナスを選んだ子もいた．

　自分が育てたい野菜とその理由が明確になったこのタイミングで，単元名（子供たちとは「勉強の題名」という名称で共通理解）を話し合った．ボックスチャートの周りに，単元名に入れたい言葉を出し合い，合わせたり選んだりしながら「せかいいちおいしいなつやさいを　たのしくやさしくそだてよう！」という単元名にまとめていった．

写真 9-2-3　単元名を話し合うボックスチャート

　このような過程を経て，自分が選んだ野菜の種を自分の植木鉢にまき，栽培活動自体が始まった．この過程で大切なことは，子供たちの思いや願いを引き

出し，最大限尊重しながらも，教師は自分としての見通しを明確にもって授業に臨み，単元の目標を実現できる道筋を子供たちとともに描いていくということである．例えば，野菜であれば何でもよいわけではなく，2年生の子供たちが生活科の授業で育てるのにふさわしいものがあるはずである．それは一体何なのか，子供たちの話し合いによってそこに絞り込んでいくためには，どのような条件が必要かといったことを，教師は事前に丁寧に考えておく必要がある．本校の場合，畑が裏庭にしかなく，子供たちの日常生活とつながりにくいことから，畑で栽培すると活動が停滞する恐れがあった．そこで，自分の植木鉢を使って自分で育てるということに重きを置き，「自分の植木鉢で育てることができるもの」といった意見を重点的に価値付けるなどすることによって，条件の一つに加えられていった．こうした教師の意図的な働きかけの下で，子供たちが主体的に野菜の種類を決定し，その選ばれた7種類の野菜から自分で選ぶという行為が，その後の活動の意欲につながっていくのである．

C　常時活動と生活科の授業をいかに有機的につないでいくか？

本節の最初のページで触れたように，生活科の単元には三つのタイプがあると考えている．常時活動の中での世話の充実がポイントとなる本単元と，例えば，授業の中での活動がメインとなって展開するおもちゃを作って遊ぶ単元とでは，授業の役割や位置付けが異なってくるはずである．そこで私は，飼育・栽培活動の単元を，以下のようにイメージしている．

図9-2-1　常時活動・日常的な伝え合い・授業の相互関係

■は，朝の会や帰りの会での伝え合いである．本学級では，朝の元気調べ（健康観察）のときに，自分の体調のことの他にも自由に発言をしてもよいことにしていた．また，帰りの会には，「みんなからの連絡」というこれもまた自由

に発言する機会を用意していた．野菜の栽培が始まると，「今日の僕のキュウリは…」などと，自分の野菜の変化や成長について，毎日のように報告されるようになり，常時活動の中での気付きが共有されていった．

●は，生活科の授業である．常時活動の中での子供たちの様子や■（朝の会や帰りの会での伝え合い）において，学級全体で改めて考えるべきことや解決すべき問題が生起したときを見計らって，生活科の授業を設定することが欠かせない．これは他の単元にも言えることだが，生活科は，自然事象を学習対象としており，天気や気候などに左右されることも多いため，時間割表にあるから授業をするのではなく，学習対象や子供たちの様子に応じて，柔軟に授業を設定することが，子供たちの学びの必然性にもつながっていく．これこそが，生活科で求められるカリキュラム・マネジメントの一つだと言えるだろう．

具体例で考えてみたい．種まきをすると，翌日から早速，期待を膨らませて登校してくる子が多い．大切なことは，登校したらすぐに様子を見ることができる場所に植木鉢を置いておくということと，そこに教師がいるということである．植木鉢が通り道にあることで，自然と足が向かうようになり，さらにそこに教師がいることで，子供は発見をすぐに伝えることもできる．「見てみて！ミニトマトの芽が出たよ！」と報告に来た子には，「楽しみにしていたものね．嬉しいね．」と共感したり，「元気調べでもみんなに報告してね．」と促したり，「他の野菜はどうなのかな？」と視野を広げさせたりすることもできる．

写真 9-2-4　登校するとすぐに世話をする児童

常時活動の中でのそういった気付きは，朝の会や帰りの会の中で日常的に報告される．それを意図的に掲示物に書き込むなどして可視化しておくと，「もっとよく見てみよう．」「自分の野菜のこと

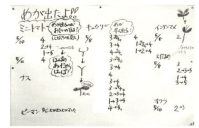

写真 9-2-5　成長の様子を可視化する掲示物

も報告しよう.」という意欲付けになるだけでなく,野菜ごとの共通点や相違点が明らかとなり,気付きの質を高めるきっかけにもなる.（次項で詳説）

写真9-2-6 身を乗り出して観察する児童

そのような伝え合いがたっぷりと行われ,「みんなの芽が出たね.」「絵に描いておきたいな.」といった考えが挙がったところで,生活科の授業を行うと,子供たちの必然性に基づく活動を展開することができる.

このように,常時活動と生活科の授業が有機的につながるためには,その橋渡しとなる伝え合いが欠かせない.子供たちが日々の発見を自由に伝え合う場を準備することが,生活科の授業の充実に向けた第一歩である.

D 異なる数種類の野菜を育てることのよさをどのように活かすべきか？

1年生で広く行われているアサガオの栽培活動の単元と本単元とのもっとも大きな違いは,育てる野菜を自分で選ぶこと,言い換えれば,友達とは異なる野菜を育てるということにある.アサガオの栽培活動では,同じ学習対象を比べて,共通点や相違点に気付いていくが,野菜の栽培活動では,異なる学習対象を比べて,共通点や相違点に気付いていくという高次の思考力が求められる.

その学びを支援するために,前項で記述・掲載した掲示物を工夫した.具体的には,朝の会や帰りの会,生活科の授業での子供たちからの報告を受けて,①野菜の種類ごとに気付きを分類して書く,②野菜の変化や成長を見付けた子の名前を書く,③芽などの数を書く,④変化や成長の様子の絵を描く,といったことを行った.

こうすることによって,「キュウリは芽が出るのが早い.」ということが一目瞭然であり,比べて考えることが習慣となってくる.例えば,「僕のミニトマトはまだ芽が出ていないんだけれど,ミニトマトの種を植えた○○さんもまだ芽が出ていないから,ミニトマトは芽が出るのが遅いんだと思います.」という発言も生まれてきた.この背景には,キュウリの芽が次々に出て,不安や焦

りを抱いているということがあるが，この子はこのとき，キュウリではなく，同じミニトマトの様子と比べて考えることで，自分なりの仮説を立て，「どうやらそうらしい．」と納得していったのである．この姿からは，目的に応じて比較の対象を選ぶ，いくつかのものを見て推論するなどの高次の思考力の育ちを読み取ることができるだろう．また，「エダマメの葉っぱが，豆の間から出ていたよ．」「インゲンマメとそっくりだね．」などの会話もあったことから，自分の育てている野菜だけではなく，友達の野菜にも興味をもち，比較したり見通しを立てたりしながら栽培活動に取り組んでいることが読み取ることができた．

　異なる学習対象を比較して考えるということは，2年生の子供たちにとっては，支援なしには難しいことかもしれない．しかし，掲示物を始めとする様々な方法を使って，共通点や相違点を可視化することで，気付きを関連付けて考える子が表れ，それが学級全体の思考力をぐっと伸ばす．自分の野菜を大切に育てるという内容(7)が目指すものだけでなく，汎用的な力の育成も視野に入れることで，より2年生らしい生活科の活動が展開されていく．

E　単元の終末をどのように創るべきか？

　秋になると，野菜の茎や蔓が枯れ始め，「ほとんど茶色になっちゃった．」「からからになっている．」などの声があがってくる．一方で，「まだ実ができているよ．」「緑色で元気いっぱい！」という声もあり，単元としてはどのように終えればよいのか，迷いどころである．

　こういうときこそ，子供たちと話し合うのがよい．「まだ元気な野菜もあるから，もう少し世話を続けよう．」「でも，10月になったら，きっと枯れちゃう人が多いだろうから，野菜の勉強は終わりにしようよ．」「でも，まだ育てたい人は育てたらいいと思う．」などの意見が出てきた．そこで，区切りの日を決めて，単元としてはそこでいったんの終了とすることになった．

　単元の終わりの活動も子供たちと話し合った．その結果，枯れた野菜や土を片付ける，これまでにかいてきた観察カードを読み返して気付いたことを話し合う，自分たちが頑張ったことを話し合う，自分が頑張ったことや野菜との思い出を文章や絵にかく，ということになった．

観察カードを読み返しながら話し合うと，種→芽→葉っぱや茎→つぼみ→花→実という順序でどの野菜も育っていることに，子供たちは突然気付いた．これこそ，異なる学習対象を比べて共通点を見付けることに他ならない．これまでの栽培活動では，目の前の野菜を育てることに夢中になっていて気付かなかったが，観察カードを読み返し，野菜の成長を少し冷静な目で客観的に見つめ直す機会を得たことで，気付きの質を高めたのである．さらに話題になったのが，実ができたときの種の行方である．キュウリ，ミニトマト，オクラ，ナスの種は野菜と一緒に食べる，ピーマンは捨てる，ということまでは，自分が作った野菜を実際に食べていることもあって，すぐに子供たちは納得したが，インゲンマメとエダマメを育てた子は，「種ができなかった．」と発言した．それを聞いた他の子供たちは，「それはないと思う．」「種ができないと，次のインゲンマメとエダマメができないから．」「そういえば，エダマメを放っておくとダイズになるらしいよ．」「ダイズっていうのは，豆腐になったり，節分の豆になったりする．」と次々に話し，そのことがきっかけとなって，「そういえば，始めにまいた種は，実と似ていた気がする．」「そうか！豆って，種だったんだ．種を食べていたんだ．」ということに気付いていった．

最後に書いた振り返りの中で，生活科の栽培活動を象徴するものがあった．それは，「お世話を毎日頑張って育ててきた思い出がいっぱいあって，すごく頑張ったなって思いました．4月20日のカードの絵を見て，キュウリをいっぱいとりたいなって思っていて，それが叶ったから嬉しかったです．キュウリを収穫して，食べておいしかったから，一生懸命育てたんだなと思いました．自分が頑張ったからおいしくなったんだなって思いました．」という振り返りである．単元の活動自体の充実と，書きためた観察カードを読み返す機会があったからだろう．

単元の導入は，子供たちの思いや願いを引き出しながら，自然と活動に入ることができるように工夫することが多いと思われる．一方で，単元の終末はどうだろうか．最後まで子供たちと今後の見通しを丁寧に話し合い，意義のある活動を納得して行うようにすると，単元終末にこれまでの活動を俯瞰して捉え直す機会となり，自分の成長にも自然と気付くことができる．

4 おわりに

　本節では,「思考力,判断力,表現力等」の育成や気付きの質を高めるという生活科における「深い学び」の実現,栽培活動の固有の問題の解決といった視点から,本単元のデザインの在り方について,子供たちの姿と教師の工夫の両面から考察し,提案してきた.

　生活科の教科の目標は,従来の「自立への基礎を養う」から,小学校学習指導要領(平成29年告示)では,「自立し生活を豊かにしていくための資質・能力」と改められた.これは言わば,生活科のグレードアップと言える.生活を豊かにしていくための資質・能力を育成するためには,子供たちの生活から生活科の単元を立ち上げ,生活と生活科の授業との関連を図り,機を見て自ら単元の終わりを創り,生活に戻していくという経験が欠かせないだろう.本節は,単元の性質上,そこに直接的にアプローチした提案である.

　今,生活科に求められているのは,奇抜で斬新な単元の創造というよりも,既存の単元の質の向上であると考えている.本節での五つの問いとそれに対する考察と提案は,これまでに行われていないような新しいものでは全くなく,むしろ,部分的には多くの実践者が取り組んでいることではないだろうか.しかし,そういった自分の実践における工夫を自覚的に振り返り,何がポイントだったのかを捉え直し,言語化して広げることこそ,生活科のこれからの発展に必要なことである.それが,生活科の裾野が広がり,質が底上げされ,どの小学校のどの教室でも,充実した生活科が展開されるということにつながっていくことになるのである.

参考文献
松村英治『学びに向かって突き進む！　1年生を育てる』東洋館出版社, 2018年.
文部科学省『小学校学習指導要領(平成29年告示)解説　生活編』東洋館出版社, 2018年.
東京都小学校生活科・総合的な学習教育研究会『平成29年度・研究紀要(第26集)未来を拓く子どもたち〜主体的・対話的で深い学びの創造〜』2018年.

第3節

第2学年：町探検を中心とした事例

1　はじめに

「小学校学習指導要領」(2017年告示)の内容「(3) 地域と生活」では，「地域に関わる活動を通して，地域の場所やそこで生活したり働いたりしている人々について考えることができ，自分たちの生活は様々な人や場所と関わっていることが分かり，それらに親しみや愛着をもち，適切に接したり安全に生活したりしようとする」と示されている．第2学年では，自分たちの住んでいる町や学校周辺を探検することにより，地域と自分たちがどのように関わっているのかに気付くことができる単元である．学級の児童たちは，「調べたい！」「くわしく知りたい！」という場所やお店などを自分たちで選択し，詳しく調査を進めていくことにした．一般的な町探検の単元構成は，実際に探検に行き，目で見たり感じてみたり，触ってみたりしながら調査してわかったことなどをいろいろな形式でまとめ，同級生や上級生または保護者などに発表したら終わりという流れのパターンが多い．本実践では，そこからさらに伝える相手を1年生にシフトし，調べた内容を伝え合う活動を行うことにした．同級生や上級生へ伝えることよりもさらに相手意識をもち，伝える内容や言葉，伝え方などを考え工夫しながら伝え合う活動を行うことができると考えたからである．ここでは単元の第2部を中心とした実践内容を記すこととする．

2　学習指導事例—第2学年「ぼく・わたしの通学路たんけんたい!!」—

(1) 単元について

本単元は，9月から位置付けている町探検の単元の第2部である．9月に行う町探検第1部では，広島大学附属東雲小学校がある東雲町の地域の人々や様々な場所をグループごとに探検しながら，そこで働く人々にインタビューをしたり調べたりして，それらと関わることの楽しさに気付くことを主なねらい

としている．第2部では，東雲町から少し範囲を広げ，児童の通学路（学校から最寄りの駅やバス停など）に焦点を当てて町探検を行った．6年生までずっと通う自分の生活圏としての「ぼくの・わたしの通学路」として意識をもち，行き帰りの道で会う人々に自分から挨拶をしたり，生活圏の一部として愛着をもったりすることをねらいとしている．

　毎日通うからこそ日々，繰り返し関わることができる通学路の小さな変化にも気付くことができる．そして，自分たちの通学路にあるひみつを別の通学路の友達に紹介することを通して，人に伝えるためにその対象とより密に関わろうとする気持ちが生まれ，何度も繰り返し関わろうとする姿も生まれる．その繰り返しの関わりにより，自分の通学路により愛着がもてるようにしたい．

　さらに，通学路のひみつを1年生に向けて発表する活動を行う．同学年の友達に伝えるとき以上に相手意識や目的意識を明確にすることができ，昨年の自分と重ね合わせながら新しい視点で通学路を捉えることができるようになる．お互いに発表を見せ合う場も設けることにより，より1年生に伝わるためのわかりやすい説明について，児童同士でアドバイスをしあうことができるであろうと考えた．

　そして，この全単元を通して，自ら対象に関わり，人々と適切に接することや安全に生活することができるようになり，さらに昨年度からの自分の成長にも気付くことができる単元構成としている．ここでいう「通学路」とは，学校から児童それぞれが利用するバス停や駅など学校周辺の道とする．

(2) 児童について

　本学級の児童の中で東雲町を生活圏とする児童は約2割であり，約8割の児童は1年生の時から学校からかなり離れた地域からバスや電車などの公共交通機関を利用して自力登下校をしている．7月上旬に学校から自宅または最寄りの駅やバス停までの地図を描く調査を行った．一部の児童は，建物やお店，普段は通らない道まで詳しく描いていたが，ほとんどの児童は一本道であった．一本道を描いた中で多くの児童は，大きな目印になるお店や曲がり角にあるお店，バス停や駅の前にあるお店などを描いていた．これらにより，通学路は多

くの児童にとって，あくまで登下校時のただの通り道に過ぎず，通学路の様子をほとんど意識していないということがわかった．

さらに，第1部で行った附属東雲小学校付近の町探検を通して，「知らないことがたくさんあった．」「（発表を聞いて）行ってみたくなった．」「もっと探検してみたい．」という積極的な発言が多かった．また，「丁寧に説明していたのでよくわかった．」「はっきりとした声で発表したので聞きやすかった．」「いつも通っているところだけど，知らないことがわかってよかった．」など，伝えあうよさについて感じることもできているようである．

(3) 学習のねらい
1　自分の通学路に関心をもち，進んで対象に関わったり，調べたりできるようにする．
2　通学路のおすすめスポット（人），エピソードを絵や言葉などで自分なりに表したり，伝え方を工夫したりして，相手にわかりやすく伝えることができるようにする．
3　通学路のおすすめスポット（人）を見つけ，対象と繰り返し関わることの楽しさや通学を通しての自分の成長に気付くことができるようにする．

(4) 学習内容と計画
第1部　「ぼくたち・わたしたち　しののめ町たんけん隊！」
　　　　（9月～10月）・・・・・・・・・・・・・・・・・・・・・・・・・・・・・・・・・・・全8時間
第2部　「ぼくの・わたしの通学路たんけん隊！！」
　　　　（10月後半～12月）・・・・・・・・・・・・・・・・・・・・・・・・・・・・・全17時間
　第一次　「ぼくの・わたしの通学路ってどんな道？」・・・・・・・・・・1時間
　　・いつも通っている道をしょうかいしよう．
　第二次　「ぼくの・わたしの通学路　たんけん隊！！」・・・・・・・・10時間
　　・ぼくの・わたしの通学路をリサーチしよう！
　　・「ぼくの・わたしの通学路たんけん隊！！」に行く計画を立てよう．
　　・「ぼくの・わたしの通学路たんけん隊！！」（CM編）のじゅんびをしよう．

第3節　第2学年：町探検を中心とした事例　　131

・「ぼくの・わたしの通学路たんけん隊！！」（CM編）を発表し合おう．
・「ぼくの・わたしの通学路たんけん隊！！」へ出ぱつ！①
・「ぼくの・わたしの通学路たんけん隊！！」へ出ぱつ！②
・「ぼくの・わたしの通学路たんけん隊！！」をふり返ろう．

第三次　「ぼくの・わたしの通学路たんけん隊―1年生に○○○を―」
　　　　　‥‥‥‥‥‥‥‥‥‥‥‥‥‥‥‥‥‥‥‥‥‥‥‥‥6時間

・「ぼくの・わたしの通学路たんけん隊―1年生に○○○を―」の計画を立てよう．
・1年生にわかりやすい伝え方を考えよう．
・「ぼくの・わたしの通学路たんけん隊―1年生に○○○を―」へ出ぱつ！
・「ぼくの・わたしの通学路たんけん隊―1年生に○○○を―」をふり返ろう．

(5) 第2部授業の実際

(a) 第一次　「ぼくの・わたしの通学路ってどんな道？」(1時間)

　第一次では，自分たちの通学路のひみつについてワークシートに記入し，学級で伝える場を設けた．通学路のひみつとは，自分だけが知っていることや「こんなものがある（いる）んだよ．」というものなど，他の友達に紹介したいことである．

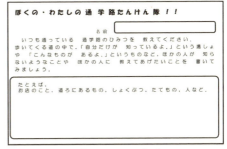

図9-3-1　通学路のひみつ紹介ワークシート

　例えば「家の近くに挨拶をしてくれるおばあさんがいます．」「家の近くのお好み焼屋さんに猫がいます．」「バス停から歩いて行く道にキンモクセイのきれいな花があります．」「仁保橋の川の近くにエイやクラゲがいます．」と，お店のことや生き物，植物（お花やお花のにおい）

写真9-3-1　ひみつ紹介の様子

など，様々な内容であった．通学路のひみつについて思い出せず「わからない．」「ありません．」と記入した児童も友達の発表を聞きながら思い出したり，付け加えて発表したり，町探検への意欲を膨らませることができた．

(b) 第二次 「ぼくの・わたしの通学路たんけん隊!!」（10時間）

第二次では，まず同じ登下校ルートの児童を3〜4名の小グループに分かれて，その小グループごとにリサーチ調査に出かけた．実際に通学路を歩きながら見つけたものをポケットサイズのカード（単語帳）に1人ずつ書き込んでいった．小グループに1名ずつ見守り先生（保護者ボランティアや実習生）が付き添って活動を行った．カードには，見つけたものを一つずつ記入するようにした．書き込んだ内容は，個人で見つけたものもあれば，グループ全員で書いておこうと全員共有しているものと様々であった．

写真9-3-2　調査内容を出し合う様子

写真9-3-3　紹介方法の話し合いの様子

調査後は，それぞれが書き込んだカードの中から他のグループに紹介したい内容を決めるための話し合いを行った．他のグループの友達も「行ってみたいな．」「見てみたいな．」と思ってもらえるような紹介の仕方を工夫して考え，CM（コマーシャル）のような形式にした．

写真9-3-4　CM発表の様子①（クイズ方式）

写真9-3-5　CM発表の様子②（ミニ劇）

例えば，クイズ形式をした後に，答えの様子を絵に表したり，クイズ番組のように自分たちでマイクを作って用意したりした．写真9-3-5の徒歩チームの児童は，ランドセルと制帽で子ども役，エプロンを着けてお母さん役となり，せりふも考えて劇のように発表していた．調べたことを発表会のような形式であると一方通行のような感じを受けるが，今回「CM」という形で表現することを取り入れたことにより，児童は他の通学路の友達に「行ってみたい．」と思ってもらえるような工夫，つまり相手意識や目的意識をもつことができた．

その後，CMで発表した内容を「自分たちも見てみたい！」という思いが膨らみ，実際に他のグループの人たちを連れて紹介ツアーを行った．ツアーのグループ編成は，路線バスの7番線チーム，4番線チーム，JRチーム，徒歩チームの四つのチームがだいたい同じグループになるように組み分けて，1グループ10名ずつとした．つまり，同じチームの仲間は，別のグループに分かれてい

表9-3-1 紹介ツアーの児童の様子（ビデオ録画より一部）

【Aチーム：7番線】
C6：聞いてください．○○くんが紹介していた「リーガルホームの看板」です．
C2：あ～．言っとったね．
C5：じゃあ，行きましょう．
C7：○○さん，そこ（指さしながら）の家のところに私が発表したいことが
C5：わかった．
（ずらずらと歩いて来ている．まだ集まっていない状態で…）

C6，C7：ここ，ここ．みなさ～ん，聞いてください．
C5：待って，ストッ～プ！まだ○○くんが来ていません．
（最後に歩いて来ている子を待ち，来たかなあと様子を伺いながら．）

（○○くんが来たのを確認して）どうぞ．
C5：（友達が発表するものとは違う物を見ている児童を見つけ，近寄って発表している方へ促す．）
C7：ここに，毛虫の頭がありました…
C5：あっ！ここにもおる！
C7：この辺，毛虫ばっかりおるね～．
C5：さっき○○さんが言った毛虫が集まる場所よりいっぱいおったかも．
C6：たしかに～．

る状態である．これは，児童1人ずつが，少しでも自分の口で伝えることができるようにするため，自分たちのチームを紹介する際，説明するのは自分のみという状況を意図的に設定したのである．表9-3-1は，紹介ツアーの児童の様子を示している．聞いてくれる相手を意識した言動が見られた様子の一部を示している．

(c) 第三次「ぼくの・わたしの通学路たんけん隊―1年生に○○○を―」（6時間）

第三次からは，伝える内容や伝え方をより工夫したり考えたりできるようにするために，対象を1年生に設定し，1年生に向けて通学路紹介ツアーの計画を立てた．第二次で他のグループに伝えた紹介ツアーの内容とは，違う内容にしなければいけないという条件を定めなかった

写真9-3-6 1年生へ伝える内容を出し合う様子

ため，前回と同じ内容を1年生にも伝えたいというグループもいた．

発表内容を選んだ理由の中に，「1年生は知らないと思うからから教えてあげたい．」「1年生に気を付けてほしいから．」など，1年生への意識が向けられた内容がいくつも見られた．表9-3-2は，その1年生へ伝える内容を話し合ったことを報告した児童の様子を示している．

第11時からは，それぞれ表現する内容を考えたり，作成したり，練習したり

図9-3-2 1年生へ紹介したい内容とその理由①

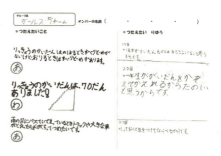

図9-3-3 1年生へ紹介したい内容とその理由②

表9-3-2　1年生へ伝える内容を報告する児童の様子（ビデオ動画一部）

【徒歩チーム】
C10：私が伝えたいことは，「サンクスの信号が1977年からできています．今もこの信号があります．」ということです．伝えたい理由は，大昔からこの信号があることを1年生にも教えるとおどろくかもしれないと思ったからです．

C8：私が伝えたいことは，「オレンジ色の花が咲いていることです．その花に願いごとを心で言うと，願いが叶うという可能性があります」ということです．理由は，1年生にも願いを叶えさせてあげたいからです．

C11：私は，「エンジェルトランペットという毒の花が咲いている花だんがあることです．触ってしまうと，手がかぶれてしまいます．葉っぱに触っても花に触ってもいけないこと」を伝えたいです．理由は，毒があるのに，花がきれいだからと触ってしまうと危なくていけないからです．

【7番線チーム】
C12：私は，「陸橋の階段には，昇るとき（高速入り口側）に滑り止めはないけど，降りるとき（フォルクスワーゲン側）は滑り止めがあること」です．理由は，1年生が階段を昇るときに，こけないようにしてほしいと思ったからです．

C9：私も陸橋のことなんですけど，「陸橋の階段は，全部で70段あること」を伝えたいです．理由は，1年生が階段を数えて帰られて楽しいと思ってもらえると思ったからです．

C7：私は，「雨の日にバス停で待っているとき，トラックや大きな車が目の前を通ったら，水たまりの水が散って冷たい」ということです．理由は，1年生がこのことを知っておくと，雨の日に気を付けて並ぶことができると思ったからです．

【JRチーム】
C13：ぼくは，「車屋さんの前の外に泥が出てくるところがあること」です．理由は，1年生に泥が散らないように気を付けてほしいと思ったからです．

とグループ活動を行った．前回と同様にクイズ形式にしているグループや劇にしたグループなど様々であった．

ある程度練習した後に，お互いに1年生に伝える報告会を行った際，他のグループの児童が，「もっとこうしたらわかりやすいと思います．」「〇〇のところはわかりやすいと思います．」と，発表

写真9-3-7　発表内容を報告し合う

の仕方のよいところや工夫したらよいところを伝え合う姿も見られた．「相手は1年生だから，どんな話し方で伝えたらいいだろう．」「丁寧に伝えたらわかるかな．」といった目的意識がより高まった姿がたくさん見ることができた．

そして，1年生へ向けての発表を終えて，1年生からの感想や発表について

表9-3-3　1年生へ発表したあとの児童の振り返り（ワークシートの一部）

【徒歩チーム】
C8：わたしは，"目を見てはっきりと"をがんばりました．1年生にオレンジ色の花や毒の花のことを知ってもらえてよかったなと思います．気を付けることを1年生に紹介できたのでよかったです．

【7番線チーム】
C6：ぼくは，1年生がよろこぶように大きな声で発表をしました．1年生が楽しかったと思えるように笑顔で発表しました．1年生に楽しんでもらえたから，とてもうれしかったです．
C3：ぼくは，1回目に1年生に発表したときは，恥ずかしくて1年生の方を向いて言えなかったけど，2回目に発表したときには，1年生の方を向いて発表できたのでよかったです．最後に，拍手をしてもらえたのでうれしかったです．

【4番線チーム】
C14：1年生にハキハキしゃべったり，話を聞いてくれる人の目を笑顔で見て発表したりしました．みんなちゃんと聞いてくれました．同じグループの友達が時々小さな声になっていたら，教えてあげられました．また1年生にひみつを教えてあげたいです．
C4：今日は，1年生に通学路のひみつを教えました．1年生もうれしそうにしていたので，わたしもうれしかったです．楽しいなぁと思いました．1年生もうなずいて聞いてくれたので，「1年生ってすごいな．もう2年生の姿に近づいているな．」と思いました．

【JRチーム】
C15：ぼくは，話をしているときは少しはずかしかったけど，しっかり言えたのでよかったです．それと，話を聞いてくれている1年生が，笑ったりうなずいて聞いてくれたりしていたので，すごくうれしかったです．だから，またやりたいと思いました．
C16：わたしは，1年生が知らないひみつを教えるために練習してきたことを本番に笑顔で発表できたのでよかったです．まだ1年生に教えていないひみつを自分でも見つけて先生や友達に伝えて，通学路たんけんのひみつをたくさん見つけたいです．

振り返りを行った．児童の発表後の様子は，とても満足そうな顔がたくさん見られた．児童のワークシートからも発表に対する満足感がとても伝わってきた．1年生へ向けての発表に向けて自分が気を付けたことや1年生の反応から感じたことなども書き留めていた．表9-3-3は，その振り返りをした児童のワークシートの一部である．

写真9-3-4　相手意識の変容が見られるワークシート（4番線チーム：C14）

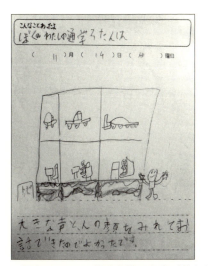

写真9-3-5　相手意識の変容が見られるワークシート（JRチーム：C15）

3 おわりに

　本実践において，通学路探検を通して，自分の身の回りから新たな問いや発見をたくさん見つけることができ，その問いを解決するために様々な対象と関わり，自分の見方や考え方を広げることができた．その際，単元内容を長期にわたるダイナミックな単元構成にすることで，繰り返し対象と関わろうとする児童の姿を見ることができ，活動への意欲を維持したり高めたりすることができることがわかってきた（広島大学附属東雲小学校，2016年）．長期スパンで単元構成することで，児童が繰り返し「通学路」という対象と関わることができ，その中で友達と一緒に見つけたり，調べたりすることができた．わからないことや知りたいことを調査して終わりにするのではなく，調査したことを伝える相手がいるということで学習意欲を維持することができ，相手意識をもつことができた．

　そして，その表現し伝え合う場を複数回設定したこと，さらに1年生へ紹介すると設定したことにより，自分より年下の人に対して，わかりやすく伝えるための話し方をより考え工夫することができた．紹介する相手が1年生ということになり，「1年生にも知ってほしいから．」「1年生がけがをしてはいけないから．」「1年生に気を付けて帰ってほしいから．」といった，"お兄さん・お姉さん"という意識をより強くもつことができたのである．目的や相手に応じた伝え合う活動を繰り返し経験することで，様々な立場や考え方があることを理解し，それを超えて共感したり関わったりする活動の楽しさがわかるようになることが期待されているのである．

　今後も生活科としての特性である「追求する面白さを味わい，自ら学ぼうとする児童」の育成を目指して，児童自ら学習意欲をもち，自分の問いやこだわりを解決していけるような授業づくりや授業構成を考えていく必要がある．「学ぶことが楽しい．」「学ぶことは素晴らしい．」「やっと解けた．」というようなプラスの感情経験をもつことができ，この感情が，有能感・自己決定感・他者受容感といった意欲の源，さらには知的好奇心・達成・挑戦といった行動傾向にフィードバックされると言われている．そのために，児童一人一人が，プラ

スの感情を実感できるような学習環境を積極的にデザインしていくことが大切である．

引用・参考文献
鹿毛雅治『子どもの姿に学ぶ教師』教育出版，2007年．
桜井茂男『学習意欲の心理学』清信書房，1997年．
広島大学附属東雲小学校『平成28年度　教育研究　初等教育』2016年．
文部科学省『小学校学習指導要領解説　生活編』東洋館出版社，2018年．
朝倉淳『平成29年改訂　小学校教育課程実践講座　生活』ぎょうせい，2018年．

第4節

第2学年：音遊びを中心とした発展的な事例
―ドラマ教育の理念・手法を用いて―

1 本実践「音遊びをしよう」の特徴

(1) 実践の概要

　本実践「音遊びをしよう」では，自然現象や身近な物から生じる音を聴いたり，音から場面を想像したりする．そして，楽器や身の回りにある物を利用して自分たちで設定した場面・情景に合う音を想像して作る．

(2) ドラマ教育の理念・手法を用いた単元・授業開発

　本実践は，ドラマ教育の理念・手法を用いることで，小学校低学年児童に感覚器官を働かせることや想像することで感性を豊かにしたり，音作りをする中で何をどのように使えばどんな音が出るかという因果関係への着目を促したりする単元・授業を開発することを意図して取り組んだものである．ここでいうドラマとは，言葉や身体などを含めた自分自身を表現の媒体とする表現活動のことである．観客に見せることを目的とした演劇とは異なる．ドラマによる表現教育とは，ある状況を体験的に生きることによって，真実を探り，理解すること，「なることによって学ぶ（Learning by being）」ことをめざす教育である．

　子供たちはテレビやビデオゲームといった音量の大きい人工音に囲まれて生活している．また，情報機器を含めた視覚情報に頼ることが多く，他の感覚器官をあまり使っていない．幼い時期こそ感覚器官を働かせ実感の伴った理解が必要である．このような問題の改善に向けてドラマ教育の理念・手法を取り入れる．朝倉淳は，イギリスの劇作家ブライアン・ウェイの著書「ドラマによる表現教育」の中に，ドラマと生活科が関連する重要なポイントが多く述べられていると指摘している．それは，次に述べる点である．

＜生活科に関連するドラマ教育の主なポイント＞

　〇人格を，集中，感覚，想像，身体，スピーチ，感情，知性の七つの諸相に

おいて捉えること．
○集中や感覚，想像などについても練習が必要であること．
○自己解放が自分の周りに対する意識を広げることに発展すること．等

このような点から，ドラマ教育の手法を用いて感覚器官を働かせ，そこから感じ取ったことを想像したり表したい音を作るために試行錯誤したりする中で，感性及び因果関係に着目する見方・考え方が育まれるものと考える．

2 単元目標

<知識及び技能の基礎>
　身の回りには様々な音があり，それぞれ特徴があることに気付く．
　素材や働きかけの違いによって，音の感じや高さ，音色，大きさ等が変わることに気付く．
<思考力，判断力，表現力等の基礎>
　働きかけとその結果や偶然の結果とその原因に着目し，何をどうすればどうなるかと考え，音を作ったり音を聞いたりする．
<学びに向かう力，人間性等>
　音の美しさやおもしろさを感じながら友達と一緒に様々なことを試すことや音で表したり聞いて想像したりすることを楽しむ．

3 単元構成

本実践に関連して応用する主なドラマ教育の手法は以下のとおりである．
○　聴覚だけでなく，意図的に触覚や嗅覚を働かせる活動を複数の単元の中で継続的に行い，身近な事象の小さな変化を見出すことに喜びを感じることができるようにする．
○　感じ取ったことから想像したことを，言語・絵・身体などで再構成し，発見したことや疑問の交流や自覚を図り，対象との関わりを深められるようにする．

○ 写真や絵からイメージしたことを音で表現する．その音作りの中でも聴覚や想像力を働かせるとともに何をどのようにするとどんな音が出たかという点で因果関係に着目できるようにする．

表9-4-1 単元構成

活動の概要	ドラマ教育の理念・手法に関連する事柄 ※関連可能な教科
第一次（2時間，教室及び屋上） 耳を澄ませると，どんな音が聞こえるかな ○教室と屋上で耳を澄ませて音を探し，聞こえた音から様子を想像する．	○目を閉じて聴覚を働かせて音を探したり，音から様子を想像したりする．
第二次（3時間，音楽室） イメージに合う音を楽器で表そう ○教師が提示したシーンまたは自分たちで考えた様子やイメージに合った音を2人組で楽器を使って表し，聞き合う．	○簡潔に言語表現されたシーンから想像した様子を詳しく言葉で伝えたり身体表現したりする． ○楽器で出した音が，表したい音になっているか意識して聞いたり，どんな様子に合うか想像したりする． ○ペアが出した音に調和するように楽器を鳴らす． ※音楽（音楽づくり）
第三次（6時間，多目的教室等広めの教室） 行ってみたい○○な世界を音で表そう ○4人組で，「行ってみたい○○な世界」をコラージュで表し，ストーリーを作成する． ○身近な物を使って「行ってみたい○○な世界」の情景・ストーリーに合う音を表し，聞きあう．	○写真を手掛かりに空想の世界を語り合い，コラージュに表す過程でイメージの世界を具体化し共有する． ○身近な物で表した音が，表したい音になっているか意識して聞いたり，どんな様子に合うか想像したりする． ○メンバーが出した音に調和するように音を出す． ※国語（お話づくり），図工（コラージュ）

4　活動の実際

＜第一次　耳を澄ませると，どんな音が聞こえるかな　1・2時＞

　教室の中や外からどんな音が聞こえるか探し，聞こえた音を手掛かりにその様子を想像することができるようにする．

「目を閉じて教室の中の音を探してみよう．いくつ聞こえるかな．」と問い1～2分程度耳を澄ませた．そして，目を開け，見つけた音の数を指で示させた後，「もう一度目を閉じてね．今度はどんな音が聞こえたか尋ねるよ．」と問いかけ再度音探しを行った．子供たちは，次のような音を見出した．足が机の棒にあたってギーという音，何かわからないがザーという音，ウィーンウィーンという音，何かわからないがサワサワという音，風のようなシャーという音，みんなが息をしているスースーという音等．このように，聞こえてくる音の数，擬音語での表現，音を手掛かりに考えられる様子を想像することと段階を踏んで子供たちの発言を引き出し「音探し」でどんな活動を行うか活動の見通しを抱かせ，本時のめあてを「音をさがして，ようすをそうぞうしよう」と設定した．

次に，教室の外から聞こえる音を探し，発言された内容を短冊に書いて黒板に貼った．10数枚貼ったところで，どんな音が見つかったかわかりやすくする方法を尋ね，グループ分けを想起させた．子供たちは「機械・乗り物，生き物，自然」「どこから聞こえてくるか」「音の繰り返しの数」といった観点でのグループ分けを考えた．グループ分けを行うことで，どんな物から音がするか，どこから音がするかということに意識が向くようにすることを意図していたが，子供は音の構成にも着目していた．

表9-4-2　教室の外から探した音

＜機械・乗り物＞
「ビュー　16両のさくら・のぞみが通過する音」「ピーピー　トラックが後ろにさがる音」「ブーン　船の汽笛」「ブーン　車が走る音」
＜生き物＞
「ピヨピヨピヨピヨ　鳥の鳴き声」「キャンキャン　犬の鳴き声」
「ブーン　蜂が飛んでいる」「話声　隣のクラスの先生の声」
＜自然＞
「サラサラ　風が吹く音」「サラサラ　葉が風で揺れる音」
「ジュジュ　走っている時に砂が地面とこすれる音」　　　　等

グループ分けの後，再度外から聞こえる音を探した．これは，1回目の外の音探しで見つけることや想像することが難しかった子供が，交流したことを手掛かりに自分で発見や想像ができるようにするためである．「1年生が体育を

している声が聞こえた．」「縄跳びをしていて，縄が地面にシュッとこすれる音がした．」という発表があった．そこで，「ここからは想像だよ．どんな表情で縄跳びをしているのかな．」と尋ねた．それに対して，「笑い声，楽しそうな声が聞こえたから，にっこり楽しそうな顔だと思った．」という考えが出された．これは，音を手掛かりに想像することを子供たちと共有するためである．さらに，実際の様子でも，現実にはあり得ない空想の世界でも想像してよいが，音を手掛かりにすることを確認し再度音探し・想像を行った．その際，次のような声掛けをした．「（鳥の鳴き声が聞こえて）鳥のくちばしはどんな色かな，どんな形かな．大きさは？ 雀ぐらいかな，鳩ぐらいかな．飛んでいるのかな．木の枝にとまっているのかな．木のてっぺんかな．ひょっとしたら，犬や猫とかは，笑っている顔とかあるのかな．」これは，色，形，大きさ，場所等観点を示される方が想像しやすくなるためである．またこれが，二・三次の想像する活動につながる．この活動で，ある子供は，ゴーという音から目には見えないくらいの昔の隕石を想像していた．子供の想像力には驚かされる．

表9-4-3　子供たちの振り返りの内容　第一次

＜身の回りの音に関して＞
・屋上だと教室や体育館等とは全然違う音が聞こえて，何種類ぐらい音があるのかと思いました．
・屋上でも車の走る音が聞こえました．こんなに高いのに車の音が聞こえてびっくりしました．
・教室よりも屋上の方がたくさんの音が聞こえました．
・身の回りにこんなに音があるとは思っていませんでした．
・遠くからだと音が小さく聞こえるけど，近くだと大きな音なのでびっくりしました．
・静かにすればこんなにいろいろな音が聞けたところが楽しいなと思いました．

＜音から想像することに関して＞
・教室で耳を澄ませて外の音を聞いてみると，学校の近くにあるペットショップのヒヨコや犬の鳴き声が聞こえてきました．まるで，動物の世界に思えて楽しいと思いました．
・雀の声を想像してみると，お話をしているようでした．なぜかというと，1人の雀はチョンチョンという高い音で，もう1人の雀の声はチョンチョンという低い声だったから．高い音と低い音で意味が違うと思いました．　　　　　等

第2時は，屋上で音を探し様子を想像した．途中から雨が降ってきたため2

人組で見つけた音とその音から想像した様子を交流したのち，教室で学級全体の振り返りを行い，各自がカードに記入した．表9-4-3に示すのが子供たちの発言や記述内容である．

＜第二次　イメージに合う音を楽器で表そう　1時＞

　2人組で様々な楽器を様々な方法で試すことで，楽器への働きかけ方とその結果を意識するとともにイメージに合う音を作るための情報を集めることができるようにする．

　音楽室の中で聞こえる音からイメージしたことを交流し，前時の学習内容を想起させる．そして，楽器のどんな音がなぜ好きかということを尋ねた．すると，「長いチャラララン（ウインドチャイム）を引いてみると，幸せな気持ちになる．」「ハンドベルの音が心に響くから好き．」「鈴の音が好き．4歳ぐらいの時に家の周りで虫を捕まえていて，その鳴き声が懐かしい．」といったことが出された．これは，音とイメージや感情の結びつきへの注目を促すためである．

　次に，前時までの活動とは逆にイメージに合う音を作っていくことを投げかけ，「アイデアを出し合って，ようすやイメージに合った音を楽器であらわそう」とめあてを設定した．そして，「ここは広い海です．とてもきれいな海です．そこへ1頭の大きな大きなクジラさんがゆったりゆったり，ゆっくり泳いでやってきました．」と語りかけ，その場で動作化をしたり，情景に合う音を声で出したりしイメージ化を促した．さらにこの様子を音で表すにはどの楽器が使えそうか尋ねた．すると，スライドホイッスル，鈴，ささらという声が上がった．ささらと答えた子供は，「もしも波が高かったら」と説明しており，情景と音を関連させていることがうかがえた．7種類の情景を示したカードを提示し，その内容でも，自分たちが考えた内容でもよいので，情景を音で表すこと，そして，本時は特に様々な楽器をいろいろ試してみるこ

表9-4-4　音で表す情景の例（教師提示）

○1頭の大きな象がゆっくり歩いている様子
○2羽の小鳥が木の上で鳴きかわしている様子
○1匹のカメがゆっくり歩いている様子
○花火大会の花火が打ち上がっている様子
○虹が出ている様子
○1頭の馬がギャロップで進んでいる様子
○夕立が激しく降っている様子

146　第9章　生活科の実践事例

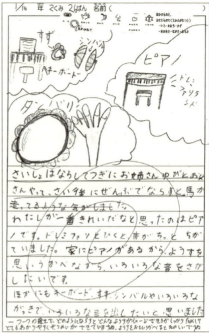

図9-4-1　振り返りカード　二次1時

とに重点を置くことを確認し，活動に入った．

　活動の途中で，小馬と大人の馬がギャロップで進む様子をそれぞれ小太鼓で表している子供の演奏を紹介し，学級全体で何が変化しているかを交流した．そして，音の大きさ，リズム，たたく強さ，たたく位置等の観点が出された．さらに，「楽器を試していて音が変わったら，何が変わったから音が変わったのか見つけてみてね．」と声かけし，活動を再開した．これは，働きかけと結果に着目することを促すためである．

＜第二次　イメージに合う音を楽器で表そう　2時＞

　楽器の鳴らし方を交流したり表したい情景を具体的にイメージしたりすることで，楽器への働きかけ方とその結果に一層着目することができるようにする．

　前時の活動で楽器を鳴らす際に工夫したことを学級全体で交流することで，楽器への働きかけにはどんな方法があるか，それは音の何を変えているのかということについての意識化を図った．子供たちからは表9-4-5のような方法

第4節　第2学年：音遊びを中心とした発展的な事例　147

が出された．その後，次の時間に聞きあうことを確認し，2人組ごとに練習を行った．

　情景を具体的にイメージすることが一層表された音にこだわりを持つ

表9-4-5　楽器の鳴らし方

・強さ（強くたたく・ふく，弱くたたく・ふく）
・速さ（速く，遅く）
・高さ（高い方から，低い方から）
・手で押さえる（太鼓の皮を押さえる）

ことにつながると考え，次のように語りかけた．「大きな象といっても，お年寄りの象なのかな．元気モリモリの若い象なのかな．優しいお母さん象なのかな．こんなことを2人組で話をしたかな．こんな動き方かなと実際に動いてもいいね．」「夕立を表す人たちは，突然雨が降ってくる様子なのかな．ポツポツ降ってきて，ザーと降ることもあるね．」「虹を表す人は，虹が今出ている様子かな．これから虹がかかる様子かな．周りはどんな景色なのかな．」等．

＜第二次　イメージに合う音を楽器で表そう　3時＞

写真9-4-1　小鳥が飛びながら話している様子

写真9-4-2　夕立が激しく降っている様子

図9-4-2　ふり返りカード　二次2・3時

お互いの演奏を聞き合い音から想像した情景やその理由を交流することで，様々な表現方法があることを知るとともに音色や演奏方法の違いによって表される様子が変わることを感じ取ることができるようにする．

本時は2時と連続で実施した．発表の聞き合いは，次のように進めた．①想像しながら聞く．②想像したことを交流する．③表したかったことを伝える．④もう一度想像しながら聞く．この①～④を繰り返した．子供たちが使った楽器・鳴らし方，表した様子を，表9-4-6に示す．

表9-4-6 2人組の発表内容

	使った楽器と鳴らし方	表した様子
例示以外の様子	ギロをトライアングルの棒，ウッドブロックの棒，爪でこする．こする速さも変える．	やせたカエル，少し太ったカエル，太ったカエルが鳴いている様子
	鉄琴	家の呼び鈴
	ウインドチャイムと鈴	サンタさんが乗っているそりをトナカイが引いている様子
	ウインドチャイムとトライアングル	流れ星
例示関連の様子	鉄琴を1人1台ずつ使い，交互にタンタンタン ウン，タンタンタン ウンのリズム	2羽の小鳥が木の上で鳴きかわしている様子
	スライドホイッスルのかけ合い	2羽の小鳥が飛びながら話している様子
	和太鼓 ドン ド ドン ド	1頭の馬がギャロップで進んでいる様子
	クラベスと小太鼓	
	和太鼓（小）が打ちあがる時，和太鼓（大）の花火が鳴る．	花火大会で星形の花火が打ち上がる様子
	スライドホイッスルとシンバル	1頭の大きな象がゆっくり歩いている様子
	大太鼓と小太鼓	
	大太鼓とトライアングル	大人と子どもの象が歩いている様子
	小太鼓，大太鼓，鈴でだんだん速くなる．	夕立が激しく降っている様子
	小太鼓とシンバルと大太鼓	
	ハンドベル（小雨）から小太鼓（夕立）	小雨から激しい夕立に変わる様子

<第三次 行ってみたい○○な世界を音で表そう 1・2時>

お互いにアイデアを出し合い，行ってみたい世界をコラージュで表すことを

とおして，イメージを共有することができるようにする．

二次ではシーンの例示を教師側から行ったが，今回はどんな様子を音で表すかも自分たちで決めることを投げかけた．実際の世界でも空想の世界でもかまわないこと等を告げ，子供たちとともに「アイデアを出し合って，行ってみたい○○なせかいをしゃしんと絵であらわそう」とめあてを設定した．空想も可としたのは，現実的な制約にとらわれずに題材も音も作れるようにするためである．この時間は，「①行ってみたい世界を決める．②その世界の様子を写真とクレパスで表す．③その世界での出来事（中心とその前後）を決める」という流れで活動を進めた．コラージュ用の写真は1班に26枚（動物9枚，昆虫2枚，植物13枚，雪だるま1枚，空1枚）ずつ配布した．写真と描画を組み合わせることで，絵の出来不出来にとらわれず短時間でイメージを共有し，それを可視化することができる．

<第三次　行ってみたい○○な世界を音で表そう　3・4時>

この時間は身近な物を利用して，行ってみたい○○な世界に合う音を探したり作ったりする時間である．表9-4-7が本時の活動案である．なお，これは実践後に改良を加えたものである．

本時の各自の振り返りカードへの記入は，家庭学習で行った．因果関係に関する記述の人数及び件数は表9-4-8のと

写真9-4-3　世界に合う音作り

おりである．因果関係に関して30人中28名の記述があった．また，約4割の子供たちは一つの素材に対して複数の働きかけを行い，その結果を比べて違いを見つけることができた．因果関係についての記述がなかった2名の子供は，お気に入りの楽器が作れたことやたくさん楽器が作れたこと，学習態度に関して等述べていた．この2人も活動の際には，「（調理で使用する）ボウルの中に木の玉を入れてぐるぐる回すと高速移動（するような）の音がする.」等と発言しており，因果関係に着目していることがうかがわれた．

表9-4-7　活動案（第三次3・4時）

本時の活動案　（第3次3・4時）

- ■**目標**　表したい世界の様子や出来事に合う音を作るために身の回りにある物をいろいろ試して音を出すことを繰り返すことを通して，何をどうすればどんな音が出るか考えたり，出た音から様子を想像したりする。
- ■**準備物**　(T) 木片（各種），金属のドアチャイム，金属の鈴，金属とプラスチックの鎖，金属とプラスチックのボウル，プラスチックのボタン，マレット，ポリ袋，ペットボトル，ペットボトルのふた，紙コップ，ストロー，割りばし，輪ゴム　等
  (P) 各自が用意した空き箱，空容器　等
- ■**授業過程**　※（全）(小)(個)：学習形態（全：全体の場　小：小集団　個：個人）㊡：評価の観点

児童の活動	教師の働きかけとねらい	（集団）
（1）板から発する音を聞き，感じたことや考えたことを交流する。 ・板によって音の高さが違う。 ・木琴のような音がする。 ・キツツキが木をカンカンカンとつついているみたい。 ・平らな板をマレットでたたくとコンコンという音がして，丸い木をマレットでたたくとカンカンという音がした。　等	（1）複数の板をマレットでたたき数種類の音を聞かせることで，身の回りにあるものでも，第2次の楽器を使った音作りのように，素材や鳴らし方を変えることで様々な音を出せるのでないかという思いを抱かせるとともに，働きかけと結果に着目できるようにする。	（全）活動への意欲を高め，見通しを抱かせる。
（2）本時のめあてを確認する。	（2）互いに音を聞き合ったりアイデア出し合ったりすることが，表したい世界の音作りにつながることを確認し，めあてを共有できるようにする。	（全）めあての共有化を図る。
行ってみたいせかい（ようす，できごと）に合う音を，ざいりょうを組み合わせて作ろう。　―何を　どうすると　どんな音になるか，いろいろためそう。―		
（3）教師が準備した材料にはどんな物があり，どんな音が鳴るかを知る。	（3）教師が準備した材料を紹介する際も，複数の方法（たたく，振る，こする，たたく場所を変える等）で鳴らすことで，様々な働きかけをしてみよう意欲を抱かせる。	（全）今後の活動に活用できるように情報の共有化を図る。
（4）身近にある物を使って様々な方法を試し，自分たちの班の世界に合った音を探す。 ＜働きかけと結果に着目＞ ・金属のチェーンを床に落とすとチャリーンと鳴った。 ・ボウルをたたくとドラムのような音がした。 ・積み木を床に当てるとゴツンといって，積み木を机に当てるとコツンと音がした。 ・2個のペットボトルのふたのぎざぎざの所をこすると，ギコギコとのこぎりで切るような音がした。　等 ＜働きかけ方＞ ・落とす　・振る　・回す　・こする ・転がす　・ぶつけ合う　・吹く　等	（4）活動の途中で，何を使ってどんなことをするとどんな音が出たかを交流することで，表したい音を出すための方法の幅を広げるとともに働きかけと結果を自覚して取り組むことができるようにする。 ・子どもたちがどんな音を作ったか尋ねた後，「○○を△△すると□□なりました。」「○○を△△すると□□なり，○○を☆☆すると■■なりました。」という話型を提示し，働きかけと結果を意識して活動できるようにする。 ・作り出した音がどんな音であるか擬音語だけでなく，イメージする情景も尋ねることで，どんな様子を表すために使えるか発想の幅を広げられるようにする。 ㊡　働きかけとその結果に着目して試しているか。	（個）または（小）⇔（全）思いついた方法を試したり，他者と情報交換したりできるようにする。
（5）一つの素材に対して複数の働きかけを行ってどうなったか交流する。 ・ペットボトルのふた側を床につけるとカタといい，底を床につけるとコトという音がした。　等	（5）一つの素材に複数の働きかけを行ってどのような結果になったか交流することで，音探しの働きかけの幅を広げられるようにする。	（全）さらに試してみたいという意欲を抱かせる。

第4節　第2学年：音遊びを中心とした発展的な事例　151

表9-4-8　因果関係に着目した記述

	人数（人）	平均数（件）
A　1つの対象への1つの働きかけとその結果の記述（Bの記述は無し）	15	2.2
B　1つの対象への複数の働きかけとそれらの結果を比較した記述（Aの記述は無し）	6	1.5
C　AとBの両方の記述	7	2.9

（学級児童数31名，1名欠席のため30名）

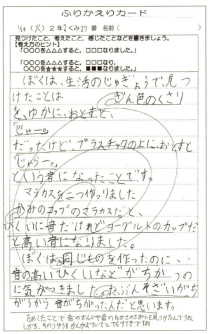

図9-4-3　振り返りカード三次3・4時

＜第三次　行ってみたい○○な世界を音で表そう　5・6時＞

　「行ってみたい○○なせかい」を表す音・ストーリーを聞き合い，そこからイメージしたことやイメージの手がかりとなる音について交流することをとおして，想像することを楽しむことができるようにする．

　本時はお互いの音とストーリーを聞き合い，聞き手は音から想像した様子や感じたこと，音作りの工夫を演奏者に伝え，演奏者はどんな音をどのようにして出したかを伝えた．「空の上のせかい」というタイトルでの発表の様子を表9-4-9に示す．

152　第9章　生活科の実践事例

表 9-4-9　「空の上のせかい」の発表

＜空の上のせかい＞
「ある日，宇宙のどこかで隕石が命中しました．」
　♪（紙コップの中に何か入れてあるものを振る）チャラチャラチャラチャラ　（テーブルをたたく）ドーン
「次の日，雨が降り始めました．」
　♪（プラスチックパックや紙パックの中に何か入れ物を振る）チャラチャラチャラチャラ
「そして，島が落ちてきました．」
　♪（木の玉を机に落とす）コトン
「数日後，動物たちが生まれました．」
　♪（紙コップにストローを刺している物を吹く　木の板をマレットでたたく）
「動物たちは・・・草原を駆け回ったりしました．」
　♪（木をマレットでたたく）コトコトコトコトコト
「そして，人間が・・・島に降りてきました．」
　♪（鎖を）チャラチャラ　（紙をこすって）ゴシゴシ　（木をこする）
「そして，1人の人間が『この島には動物が多いから，動物を研究する島にしよう．』といいました．それを聞いた動物たちは喜びました．」
　♪（紙コップとストローで）ピューピュー　（動物の声を表す）
「そして，動物たちは，人間がいいと思いました．そして，人間と動物は一緒に暮らすようになりました．」

写真 9-4-4　「空の上のせかい」

写真 9-4-5　音からイメージしたことの交流

5　実践を振り返って

　第二次で様子を表すために楽器を使用した．これは楽器を使用することで音の美しさを感じながら働きかけに対する成果を感じ取ることにつながると考えたためである．第三次では音質は楽器に劣る身近にある物を使用するため，子供たちが落胆するのではないかと危惧を抱いていた．しかし，言動，表情，記述からそのような様子は見られなかった．これは，一・二次の活動をとおして，音作りの楽しさを感じ，具体的なイメージを抱き，それに合う音にこだわりを

持って取り組むことができたためと考える.

　感覚器官を働かせることや想像すること，因果関係に着目して活動を行うという点では，一定の成果があったと考える．しかし，子供自身が活動を展開，発展させていくためには改善が必要である．

　この実践例には教科横断的な様々な内容が存在する．国語科や音楽科，図画工作科等との合科的・関連的な指導とすることで一層の効果が期待できる．また実践例で用いられた様々な手法は各教科等のいろいろな場面においても有効であろう．課題を踏まえつつ引き続き取り組んでいきたい．

　本実践の原案は，SSTA（ソニー科学教育研究会）西日本ブロック特別研修会山口大会（2016年）の生活科部会の先生方と協議したものである．その後，筆者が勤務校の実態に即した展開で実施した．本節は，さらに坪井貴子先生（金城学院大学）と共同研究を進め実践したものである．

参考文献
ブライアン・ウェイ，岡田陽・高橋美智訳『ドラマによる表現教育』玉川大学出版部，1977年．
岡田陽『子どもの表現活動』玉川大学出版部，1994年．
石井信孝「ドラマ教育の理念・手法を取り入れた生活科授業の創造～第二学年『自分たんけん成長ブックのつづきをつくろう』～」，日本生活科・総合的学習教育学会『生活科・総合の実践ブックレット』第8号，2014年，pp.46-59．
朝倉淳「解説　生活科におけるドラマ教育の可能性を探る」，日本生活科・総合的学習教育学会『生活科・総合の実践ブックレット』第8号，2014年，pp.60-61．
小林由利子編『やってみよう！アプライドドラマ　自他理解を深めるドラマ教育のすすめ』図書文化社，2010年．

付　録

1．幼稚園教育要領〔抜粋〕（平成29年3月　文部科学省告示）

第1章　総　則

第2　幼稚園教育において育みたい資質・能力及び「幼児期の終わりまでに育ってほしい姿」

1　幼稚園においては，生きる力の基礎を育むため，この章の第1に示す幼稚園教育の基本を踏まえ，次に掲げる資質・能力を一体的に育むよう努めるものとする．
(1) 豊かな体験を通じて，感じたり，気付いたり，分かったり，できるようになったりする「知識及び技能の基礎」
(2) 気付いたことや，できるようになったことなどを使い，考えたり，試したり，工夫したり，表現したりする「思考力，判断力，表現力等の基礎」
(3) 心情，意欲，態度が育つ中で，よりよい生活を営もうとする「学びに向かう力，人間性等」

2　1に示す資質・能力は，第2章に示すねらい及び内容に基づく活動全体によって育むものである．

3　次に示す「幼児期の終わりまでに育ってほしい姿」は，第2章に示すねらい及び内容に基づく活動全体を通して資質・能力が育まれている幼児の幼稚園修了時の具体的な姿であり，教師が指導を行う際に考慮するものである．

(1) 健康な心と体
　幼稚園生活の中で，充実感をもって自分のやりたいことに向かって心と体を十分に働かせ，見通しをもって行動し，自ら健康で安全な生活をつくり出すようになる．

(2) 自立心
　身近な環境に主体的に関わり様々な活動を楽しむ中で，しなければならないことを自覚し，自分の力で行うために考えたり，工夫したりしながら，諦めずにやり遂げることで達成感を味わい，自信をもって行動するようになる．

(3) 協同性
　友達と関わる中で，互いの思いや考えなどを共有し，共通の目的の実現に向けて，考えたり，工夫したり，協力したりし，充実感をもってやり遂げるようになる．

(4) 道徳性・規範意識の芽生え
　友達と様々な体験を重ねる中で，してよいことや悪いことが分かり，自分の行動を振り返ったり，友達の気持ちに共感したりし，相手の立場に立って行動するようになる．また，きまりを守る必要性が分かり，自分の気持ちを調整し，友達と折り合いを付けながら，きまりをつくったり，守ったりするようになる．

(5) 社会生活との関わり
　家族を大切にしようとする気持ちをもつとともに，地域の身近な人と触れ合う中で，人との様々な関わり方に気付き，相手の気持ちを考えて関わり，自分が役に立つ喜びを感じ，地域に親しみをもつようになる．また，幼稚園内外の様々な環境に関わる中で，遊びや生活に必要な情報を取り入れ，情報に基づき判断したり，情報を伝え合ったり，活用したりするなど，情報を役立てながら活動するようになるとともに，公共の施設を大切に利用するなどして，社会とのつながりなどを意識するようになる．

(6) 思考力の芽生え

　身近な事象に積極的に関わる中で，物の性質や仕組みなどを感じ取ったり，気付いたりし，考えたり，予想したり，工夫したりするなど，多様な関わりを楽しむようになる．また，友達の様々な考えに触れる中で，自分と異なる考えがあることに気付き，自ら判断したり，考え直したりするなど，新しい考えを生み出す喜びを味わいながら，自分の考えをよりよいものにするようになる．

(7) 自然との関わり・生命尊重

　自然に触れて感動する体験を通して，自然の変化などを感じ取り，好奇心や探究心をもって考え言葉などで表現しながら，身近な事象への関心が高まるとともに，自然への愛情や畏敬の念をもつようになる．また，身近な動植物に心を動かされる中で，生命の不思議さや尊さに気付き，身近な動植物への接し方を考え，命あるものとしていたわり，大切にする気持ちをもって関わるようになる．

(8) 数量や図形，標識や文字などへの関心・感覚

　遊びや生活の中で，数量や図形，標識や文字などに親しむ体験を重ねたり，標識や文字の役割に気付いたりし，自らの必要感に基づきこれらを活用し，興味や関心，感覚をもつようになる．

(9) 言葉による伝え合い

　先生や友達と心を通わせる中で，絵本や物語などに親しみながら，豊かな言葉や表現を身に付け，経験したことや考えたことなどを言葉で伝えたり，相手の話を注意して聞いたりし，言葉による伝え合いを楽しむようになる．

(10) 豊かな感性と表現

　心を動かす出来事などに触れ感性を働かせる中で，様々な素材の特徴や表現の仕方などに気付き，感じたことや考えたことを自分で表現したり，友達同士で表現する過程を楽しんだりし，表現する喜びを味わい，意欲をもつようになる．

第3　教育課程の役割と編成等

1　教育課程の役割

　各幼稚園においては，教育基本法及び学校教育法その他の法令並びにこの幼稚園教育要領の示すところに従い，創意工夫を生かし，幼児の心身の発達と幼稚園及び地域の実態に即応した適切な教育課程を編成するものとする．

　また，各幼稚園においては，6に示す全体的な計画にも留意しながら，「幼児期の終わりまでに育ってほしい姿」を踏まえ教育課程を編成すること，教育課程の実施状況を評価してその改善を図っていくこと，教育課程の実施に必要な人的又は物的な体制を確保するとともにその改善を図っていくことなどを通して，教育課程に基づき組織的かつ計画的に各幼稚園の教育活動の質の向上を図っていくこと（以下「カリキュラム・マネジメント」という．）に努めるものとする．

2　各幼稚園の教育目標と教育課程の編成

　教育課程の編成に当たっては，幼稚園教育において育みたい資質・能力を踏まえつつ，各幼稚園の教育目標を明確にするとともに，教育課程の編成についての基本的な方針が家庭や地域とも共有されるよう努めるものとする．

3　教育課程の編成上の基本的事項

(1) 幼稚園生活の全体を通して第2章に示すねらいが総合的に達成されるよう，教育課程に係る教育期間や幼児の生活経験や発達の過程などを考慮して具体的なねらいと内容を組織するものとする．この場合においては，特に，自我が芽生え，他者の存在を意識し，自己を抑制しよう

とする気持ちが生まれる幼児期の発達の特性を踏まえ，入園から修了に至るまでの長期的な視野をもって充実した生活が展開できるように配慮するものとする。
(2) 幼稚園の毎学年の教育課程に係る教育週数は，特別の事情のある場合を除き，39週を下ってはならない。
(3) 幼稚園の1日の教育課程に係る教育時間は，4時間を標準とする。ただし，幼児の心身の発達の程度や季節などに適切に配慮するものとする。
4　教育課程の編成上の留意事項
　教育課程の編成に当たっては，次の事項に留意するものとする。
(1) 幼児の生活は，入園当初の一人一人の遊びや教師との触れ合いを通して幼稚園生活に親しみ，安定していく時期から，他の幼児との関わりの中で幼児の主体的な活動が深まり，幼児が互いに必要な存在であることを認識するようになり，やがて幼児同士や学級全体で目的をもって協同して幼稚園生活を展開し，深めていく時期などに至るまでの過程を様々に経ながら広げられていくものであることを考慮し，活動がそれぞれの時期にふさわしく展開されるようにすること。
(2) 入園当初，特に，3歳児の入園については，家庭との連携を緊密にし，生活のリズムや安全面に十分配慮すること。また，満3歳児については，学年の途中から入園することを考慮し，幼児が安心して幼稚園生活を過ごすことができるよう配慮すること。
(3) 幼稚園生活が幼児にとって安全なものとなるよう，教職員による協力体制の下，幼児の主体的な活動を大切にしつつ，園庭や園舎などの環境の配慮や指導の工夫を行うこと。
5　小学校教育との接続に当たっての留意事項
(1) 幼稚園においては，幼稚園教育が，小学校以降の生活や学習の基盤の育成につながることに配慮し，幼児期にふさわしい生活を通して，創造的な思考や主体的な生活態度などの基礎を培うようにするものとする。
(2) 幼稚園教育において育まれた資質・能力を踏まえ，小学校教育が円滑に行われるよう，小学校の教師との意見交換や合同の研究の機会などを設け，「幼児期の終わりまでに育ってほしい姿」を共有するなど連携を図り，幼稚園教育と小学校教育との円滑な接続を図るよう努めるものとする。
6　全体的な計画の作成
　各幼稚園においては，教育課程を中心に，第3章に示す教育課程に係る教育時間の終了後等に行う教育活動の計画，学校保健計画，学校安全計画などとを関連させ，一体的に教育活動が展開されるよう全体的な計画を作成するものとする。

2．小学校学習指導要領〔抜粋〕（平成29年3月　文部科学省告示）

第1章　総　　則

第2　教育課程の編成
1　各学校の教育目標と教育課程の編成
　教育課程の編成に当たっては，学校教育全体や各教科等における指導を通して育成を目指す資質・能力を踏まえつつ，各学校の教育目標を明確にするとともに，教育課程の編成についての基本的な方針が家庭や地域とも共有されるよう努めるものとする。その際，第5章総合的な学習の時間の第2の1に基づき定められる目標との関連を図るものとする。
2　教科等横断的な視点に立った資質・能力の育成
(1) 各学校においては，児童の発達の段

階を考慮し，言語能力，情報活用能力（情報モラルを含む．），問題発見・解決能力等の学習の基盤となる資質・能力を育成していくことができるよう，各教科等の特質を生かし，教科等横断的な視点から教育課程の編成を図るものとする．
(2) 各学校においては，児童や学校，地域の実態及び児童の発達の段階を考慮し，豊かな人生の実現や災害等を乗り越えて次代の社会を形成することに向けた現代的な諸課題に対応して求められる資質・能力を，教科等横断的な視点で育成していくことができるよう，各学校の特色を生かした教育課程の編成を図るものとする．

3 教育課程の編成における共通的事項
　(1) 内容等の取扱い
　　ア　第2章以下に示す各教科，道徳科，外国語活動及び特別活動の内容に関する事項は，特に示す場合を除き，いずれの学校においても取り扱わなければならない．
　　イ　学校において特に必要がある場合には，第2章以下に示していない内容を加えて指導することができる．また，第2章以下に示す内容の取扱いのうち内容の範囲や程度等を示す事項は，全ての児童に対して指導するものとする内容の範囲や程度等を示したものであり，学校において特に必要がある場合には，この事項にかかわらず加えて指導することができる．ただし，これらの場合には，第2章以下に示す各教科，道徳科，外国語活動及び特別活動の目標や内容の趣旨を逸脱したり，児童の負担過重となったりすることのないようにしなければならない．
　　ウ　第2章以下に示す各教科，道徳科，外国語活動及び特別活動の内容に掲げる事項の順序は，特に示す場合を除き，指導の順序を示すものではないので，学校においては，その取扱いについて適切な工夫を加えるものとする．
　　エ　学年の内容を2学年まとめて示した教科及び外国語活動の内容は，2学年間かけて指導する事項を示したものである．各学校においては，これらの事項を児童や学校，地域の実態に応じ，2学年間を見通して計画的に指導することとし，特に示す場合を除き，いずれかの学年に分けて，又はいずれの学年においても指導するものとする．
　　オ　学校において2以上の学年の児童で編制する学級について特に必要がある場合には，各教科及び道徳科の目標の達成に支障のない範囲内で，各教科及び道徳科の目標及び内容について学年別の順序によらないことができる．
　　カ　道徳科を要として学校の教育活動全体を通じて行う道徳教育の内容は，第3章特別の教科道徳の第2に示す内容とし，その実施に当たっては，第6に示す道徳教育に関する配慮事項を踏まえるものとする．

　(2) 授業時数等の取扱い
　　ア　各教科等の授業は，年間35週（第1学年については34週）以上にわたって行うよう計画し，週当たりの授業時数が児童の負担過重にならないようにするものとする．ただし，各教科等や学習活動の特質に応じ効果的な場合には，夏季，冬季，学年末等の休業日の期間に授業日を設定する場合を含め，これらの授業を特定の期間に行うことができる．
　　イ　特別活動の授業のうち，児童会活動，クラブ活動及び学校行事については，それらの内容に応じ，年間，学期ごと，月ごとなどに適切な授業時数を充てるものとする．
　　ウ　各学校の時間割については，次の事項を踏まえ適切に編成するものとする．
　　　(ア) 各教科等のそれぞれの授業の1単

位時間は，各学校において，各教科等の年間授業時数を確保しつつ，児童の発達の段階及び各教科等や学習活動の特質を考慮して適切に定めること．
　(イ) 各教科等の特質に応じ，10分から15分程度の短い時間を活用して特定の教科等の指導を行う場合において，教師が，単元や題材など内容や時間のまとまりを見通した中で，その指導内容の決定や指導の成果の把握と活用等を責任をもって行う体制が整備されているときは，その時間を当該教科等の年間授業時数に含めることができること．
　(ウ) 給食，休憩などの時間については，各学校において工夫を加え，適切に定めること．
　(エ) 各学校において，児童や学校，地域の実態，各教科等や学習活動の特質等に応じて，創意工夫を生かした時間割を弾力的に編成できること．
　エ　総合的な学習の時間における学習活動により，特別活動の学校行事に掲げる各行事の実施と同様の成果が期待できる場合においては，総合的な学習の時間における学習活動をもって相当する特別活動の学校行事に掲げる各行事の実施に替えることができる．
(3) 指導計画の作成等に当たっての配慮事項
　各学校においては，次の事項に配慮しながら，学校の創意工夫を生かし，全体として，調和のとれた具体的な指導計画を作成するものとする．
　ア　各教科等の指導内容については，(1)のアを踏まえつつ，単元や題材など内容や時間のまとまりを見通しながら，そのまとめ方や重点の置き方に適切な工夫を加え，第3の1に示す主体的・対話的で深い学びの実現に向けた授業改善を通して資質・能力を育む効果的な指導ができるようにすること．
　イ　各教科等及び各学年相互間の関連を図り，系統的，発展的な指導ができるようにすること．
　ウ　学年の内容を2学年まとめて示した教科及び外国語活動については，当該学年間を見通して，児童や学校，地域の実態に応じ，児童の発達の段階を考慮しつつ，効果的，段階的に指導するようにすること．
　エ　児童の実態等を考慮し，指導の効果を高めるため，児童の発達の段階や指導内容の関連性等を踏まえつつ，合科的・関連的な指導を進めること．
4　学校段階等間の接続
　教育課程の編成に当たっては，次の事項に配慮しながら，学校段階等間の接続を図るものとする．
(1) 幼児期の終わりまでに育ってほしい姿を踏まえた指導を工夫することにより，幼稚園教育要領等に基づく幼児期の教育を通して育まれた資質・能力を踏まえて教育活動を実施し，児童が主体的に自己を発揮しながら学びに向かうことが可能となるようにすること．
　また，低学年における教育全体において，例えば生活科において育成する自立し生活を豊かにしていくための資質・能力が，他教科等の学習においても生かされるようにするなど，教科等間の関連を積極的に図り，幼児期の教育及び中学年以降の教育との円滑な接続が図られるよう工夫すること．特に，小学校入学当初においては，幼児期において自発的な活動としての遊びを通して育まれてきたことが，各教科等における学習に円滑に接続されるよう，生活科を中心に，合科的・関連的な指導や弾力的な時間割の設定など，指導の工夫や指導計画の作成を行うこと．
(2) 中学校学習指導要領及び高等学校学習指導要領を踏まえ，中学校教育及びその後の教育との円滑な接続が図られるよう工夫すること．特に，義務教育学校，中学校連

携型小学校及び中学校併設型小学校においては，義務教育9年間を見通した計画的かつ継続的な教育課程を編成すること．

第3　教育課程の実施と学習評価
1　主体的・対話的で深い学びの実現に向けた授業改善
　　　各教科等の指導に当たっては，次の事項に配慮するものとする．
　(1)第1の3の(1)から(3)までに示すことが偏りなく実現されるよう，単元や題材など内容や時間のまとまりを見通しながら，児童の主体的・対話的で深い学びの実現に向けた授業改善を行うこと．
　　特に，各教科等において身に付けた知識及び技能を活用したり，思考力，判断力，表現力等や学びに向かう力，人間性等を発揮させたりして，学習の対象となる物事を捉え思考することにより，各教科等の特質に応じた物事を捉える視点や考え方（以下「見方・考え方」という．）が鍛えられていくことに留意し，児童が各教科等の特質に応じた見方・考え方を働かせながら，知識を相互に関連付けてより深く理解したり，情報を精査して考えを形成したり，問題を見いだして解決策を考えたり，思いや考えを基に創造したりすることに向かう過程を重視した学習の充実を図ること．
　(2)第2の2の(1)に示す言語能力の育成を図るため，各学校において必要な言語環境を整えるとともに，国語科を要としつつ各教科等の特質に応じて，児童の言語活動を充実すること．あわせて，(7)に示すとおり読書活動を充実すること．
　(3)第2の2の(1)に示す情報活用能力の育成を図るため，各学校において，コンピュータや情報通信ネットワークなどの情報手段を活用するために必要な環境を整え，これらを適切に活用した学習活動の充実を図ること．また，各種の統計資料や新聞，視聴覚教材や教育機器などの教材・教具の適切な活用を図ること．
　　　あわせて，各教科等の特質に応じて，次の学習活動を計画的に実施すること．
　ア　児童がコンピュータで文字を入力するなどの学習の基盤として必要となる情報手段の基本的な操作を習得するための学習活動
　イ　児童がプログラミングを体験しながら，コンピュータに意図した処理を行わせるために必要な論理的思考力を身に付けるための学習活動
　(4)児童が学習の見通しを立てたり学習したことを振り返ったりする活動を，計画的に取り入れるように工夫すること．
　(5)児童が生命の有限性や自然の大切さ，主体的に挑戦してみることや多様な他者と協働することの重要性などを実感しながら理解することができるよう，各教科等の特質に応じた体験活動を重視し，家庭や地域社会と連携しつつ体系的・継続的に実施できるよう工夫すること．
　(6)児童が自ら学習課題や学習活動を選択する機会を設けるなど，児童の興味・関心を生かした自主的，自発的な学習が促されるよう工夫すること．
　(7)学校図書館を計画的に利用しその機能の活用を図り，児童の主体的・対話的で深い学びの実現に向けた授業改善に生かすとともに，児童の自主的，自発的な学習活動や読書活動を充実すること．また，地域の図書館や博物館，美術館，劇場，音楽堂等の施設の活用を積極的に図り，資料を活用した情報の収集や鑑賞等の学習活動を充実すること．
2　学習評価の充実
　　　学習評価の実施に当たっては，次の事項に配慮するものとする．
　(1)児童のよい点や進歩の状況などを積極的に評価し，学習したことの意義や価値を実感できるようにすること．また，

各教科等の目標の実現に向けた学習状況を把握する観点から，単元や題材など内容や時間のまとまりを見通しながら評価の場面や方法を工夫して，学習の過程や成果を評価し，指導の改善や学習意欲の向上を図り，資質・能力の育成に生かすようにすること。
(2)創意工夫の中で学習評価の妥当性や信頼性が高められるよう，組織的かつ計画的な取組を推進するとともに，学年や学校段階を越えて児童の学習の成果が円滑に接続されるように工夫すること。

第2章　各　教　科

第5節　生活
第1　目　標
　具体的な活動や体験を通して，身近な生活に関わる見方・考え方を生かし，自立し生活を豊かにしていくための資質・能力を次のとおり育成することを目指す。
　(1)活動や体験の過程において，自分自身，身近な人々，社会及び自然の特徴やよさ，それらの関わり等に気付くとともに，生活上必要な習慣や技能を身に付けるようにする。
　(2)身近な人々，社会及び自然を自分との関わりで捉え，自分自身や自分の生活について考え，表現することができるようにする。
　(3)身近な人々，社会及び自然に自ら働きかけ，意欲や自信をもって学んだり生活を豊かにしたりしようとする態度を養う。
第2　各学年の目標及び内容
〔第1学年及び第2学年〕
1　目　標
　(1)学校，家庭及び地域の生活に関わることを通して，自分と身近な人々，社会及び自然との関わりについて考えることができ，それらのよさやすばらしさ，自分との関わりに気付き，地域に愛着をもち自然を大切にしたり，集団や社会の一員として安全で適切な行動をしたりするようにする。
　(2)身近な人々，社会及び自然と触れ合ったり関わったりすることを通して，それらを工夫したり楽しんだりすることができ，活動のよさや大切さに気付き，自分たちの遊びや生活をよりよくするようにする。
　(3)自分自身を見つめることを通して，自分の生活や成長，身近な人々の支えについて考えることができ，自分のよさや可能性に気付き，意欲と自信をもって生活するようにする。
2　内　容
　1の資質・能力を育成するため，次の内容を指導する。
〔学校，家庭及び地域の生活に関する内容〕
(1)学校生活に関わる活動を通して，学校の施設の様子や学校生活を支えている人々や友達，通学路の様子やその安全を守っている人々などについて考えることができ，学校での生活は様々な人や施設と関わっていることが分かり，楽しく安心して遊びや生活をしたり，安全な登下校をしたりしようとする。
(2)家庭生活に関わる活動を通して，家庭における家族のことや自分でできることなどについて考えることができ，家庭での生活は互いに支え合っていることが分かり，自分の役割を積極的に果たしたり，規則正しく健康に気を付けて生活したりしようとする。
(3)地域に関わる活動を通して，地域の場所やそこで生活したり働いたりしている人々について考えることができ，自分たちの生活は様々な人や場所と関わっていることが分かり，それらに親しみや愛着をもち，適切に接したり安全に生活したりしようとする。
〔身近な人々，社会及び自然と関わる活動に関する内容〕
(4)公共物や公共施設を利用する活動を通して，それらのよさを感じたり働きを捉え

たりすることができ,身の回りにはみんなで使うものがあることやそれらを支えている人々がいることなどが分かるとともに,それらを大切にし,安全に気を付けて正しく利用しようとする.
(5) 身近な自然を観察したり,季節や地域の行事に関わったりするなどの活動を通して,それらの違いや特徴を見付けることができ,自然の様子や四季の変化,季節によって生活の様子が変わることに気付くとともに,それらを取り入れ自分の生活を楽しくしようとする.
(6) 身近な自然を利用したり,身近にある物を使ったりするなどして遊ぶ活動を通して,遊びや遊びに使う物を工夫してつくることができ,その面白さや自然の不思議さに気付くとともに,みんなと楽しみながら遊びを創り出そうとする.
(7) 動物を飼ったり植物を育てたりする活動を通して,それらの育つ場所,変化や成長の様子に関心をもって働きかけることができ,それらは生命をもっていることや成長していることに気付くとともに,生き物への親しみをもち,大切にしようとする.
(8) 自分たちの生活や地域の出来事を身近な人々と伝え合う活動を通して,相手のことを想像したり伝えたいことや伝え方を選んだりすることができ,身近な人々と関わることのよさや楽しさが分かるとともに,進んで触れ合い交流しようとする.
〔自分自身の生活や成長に関する内容〕
(9) 自分自身の生活や成長を振り返る活動を通して,自分のことや支えてくれた人々について考えることができ,自分が大きくなったこと,自分でできるようになったこと,役割が増えたことなどが分かるとともに,これまでの生活や成長を支えてくれた人々に感謝の気持ちをもち,これからの成長への願いをもって,意欲的に生活しようとする.

第3 指導計画の作成と内容の取扱い
1 指導計画の作成に当たっては,次の事項に配慮するものとする.
(1) 年間や,単元など内容や時間のまとまりを見通して,その中で育む資質・能力の育成に向けて,児童の主体的・対話的で深い学びの実現を図るようにすること.その際,児童が具体的な活動や体験を通して,身近な生活に関わる見方・考え方を生かし,自分と地域の人々,社会及び自然との関わりが具体的に把握できるような学習活動の充実を図ることとし,校外での活動を積極的に取り入れること.
(2) 児童の発達の段階や特性を踏まえ,2学年間を見通して学習活動を設定すること.
(3) 第2の内容の(7)については,2学年間にわたって取り扱うものとし,動物や植物への関わり方が深まるよう継続的な飼育,栽培を行うようにすること.
(4) 他教科等との関連を積極的に図り,指導の効果を高め,低学年における教育全体の充実を図り,中学年以降の教育へ円滑に接続できるようにするとともに,幼稚園教育要領等に示す幼児期の終わりまでに育ってほしい姿との関連を考慮すること.特に,小学校入学当初においては,幼児期における遊びを通した総合的な学びから他教科等における学習に円滑に移行し,主体的に自己を発揮しながら,より自覚的な学びに向かうことが可能となるようにすること.その際,生活科を中心とした合科的・関連的な指導や,弾力的な時間割の設定を行うなどの工夫をすること.
(5) 障害のある児童などについては,学習活動を行う場合に生じる困難さに応じた指導内容や指導方法の工夫を計画的,組織的に行うこと.
(6) 第1章総則の第1の2の(2)に示す道徳教育の目標に基づき,道徳科などとの関連を考慮しながら,第3章特別の教科道徳の第2に示す内容について,生活科の特質に応じて適切な指導をすること.

2 第2の内容の取扱いについては,次の事

項に配慮するものとする.
(1) 地域の人々，社会及び自然を生かすとともに，それらを一体的に扱うよう学習活動を工夫すること．
(2) 身近な人々，社会及び自然に関する活動の楽しさを味わうとともに，それらを通して気付いたことや楽しかったことなどについて，言葉，絵，動作，劇化などの多様な方法により表現し，考えることができるようにすること．また，このように表現し，考えることを通して，気付きを確かなものとしたり，気付いたことを関連付けたりすることができるよう工夫すること．
(3) 具体的な活動や体験を通して気付いたことを基に考えることができるようにするため，見付ける，比べる，たとえる，試す，見通す，工夫するなどの多様な学習活動を行うようにすること．
(4) 学習活動を行うに当たっては，コンピュータなどの情報機器について，その特質を踏まえ，児童の発達の段階や特性及び生活科の特質などに応じて適切に活用するようにすること．
(5) 具体的な活動や体験を行うに当たっては，身近な幼児や高齢者，障害のある児童生徒などの多様な人々と触れ合うことができるようにすること．
(6) 生活上必要な習慣や技能の指導については，人，社会，自然及び自分自身に関わる学習活動の展開に即して行うようにすること．

さくいん

― あ 行 ―

- アクティブ・ラーニング 1
- 遊び 45
- アプローチカリキュラム 63
- 合科的 70
- 合科的・関連的な指導 62
- 合科的な学習 65
- 生きる力 31
- 育成を目指す資質・能力 3
- 梅根悟 26, 28
- 及川平治 21
- 横断的カリキュラム 32
- 小原国芳 21
- 思いや願い 47

― か 行 ―

- 改革教育 19
- 関わり等 38
- 各学年の目標 40
- 学習材 45
- 学習指導 84
- 学習する子供の視点 8
- 学習対象 45
- 学習評価 94
- 学校段階等間の円滑な接続 39
- 活動主義 30
- カリキュラム・マネジメント 8, 66, 67, 70
- 環境 44
- 関心・意欲・態度 30
- 木下竹次ら 21
- 基本的な視点 44
- 教育課程審議会（教課審） 29
- 教科書の活用 92
- 教科目標 34
- 教師の言葉かけ 88
- 近代学校 18

- 具体的な活動や体験 37, 49
- 具体的な視点 44
- 経験主義 47, 73
- 結節点 70
- コア・カリキュラム 24, 25, 33
- 構成主義 47

― さ 行 ―

- 里山保育 73
- 思考力，判断力，表現力 65
- 思考力，判断力，表現力等 36
- 思考力，判断力，表現力等の基礎 49, 52
- 自己実現 44, 50
- 資質・能力 36, 43, 65, 66, 70, 71
- 自分自身 44
- 自分と自然とのかかわり 44
- 自分と人や社会とのかかわり 44
- 社会科 44, 50
- 社会に開かれた教育課程 67
- 主体的・対話的で深い学び 4
- 主体的な学び 86
- 小1プロブレム 54
- 自立 30, 37
- 新教育 18
- 人材マップ 67
- 進歩主義教育 19
- スタートカリキュラム 10, 32, 50, 55, 66, 70, 71
- 生活科暦 67
- 生活科マップ 67
- 生活教育 20

- 生活経験 18
- 生活上必要な習慣や技能 38
- 生活単元学習 24, 25
- 生活や出来事の伝え合い 43
- 生活を豊かにしていく 37
- 接続期カリキュラム 63
- 戦後新教育 23
- 総合学習 27, 28
- 総合的な学習の時間 31, 39

― た 行 ―

- 大正自由教育 20
- 大正新教育 20
- 対話的な学び 89
- 他教科等との関連 55
- 確かな学力 31
- 地域教育計画 24
- 知識及び技能 36, 65
- 知識及び技能の基礎 49, 52
- 知的な気付き 49
- 中央教育審議会（中教審） 29
- 低学年社会科 50
- デューイ 19, 24
- 年間指導計画 65

― は 行 ―

- パーカー 21
- 評価の機能 95
- ペスタロッチ 19
- 保育所 66, 70, 71
- ポートフォリオ評価法 99

― ま 行 ―

- 学びに向かう力，人間性等 36, 49, 52, 65

見方・考え方　37

— や 行 —

ゆとり　31
幼児期　66, 70, 71
幼児期の終わりまでに
　育ってほしい姿　39, 56
幼児教育　50
幼小の接続　53
幼稚園　66, 70, 71

— ら 行 —

理科　44, 50
臨時教育審議会（臨教審）
　29
ルソー　19

編著者紹介

朝倉　淳（あさくら　あつし）

博士（教育学）．安田女子大学教育学部教授．日本生活科・総合的学習教育学会会長．広島大学学校教育学部講師，広島大学大学院教育学研究科准教授，同教授などを経て現職．
『平成29年改訂　小学校教育課程実践講座　生活』（編著，ぎょうせい，2018年）など著書・論文多数．

永田忠道（ながた　ただみち）

博士（教育学）．広島大学大学院人間社会科学研究科准教授．日本生活科・総合的学習教育学会理事．
国立教育政策研究所研究員，大分大学教育福祉科学部准教授などを経て現職．
『平成29年改訂　小学校教育課程実践講座　生活』（執筆，ぎょうせい，2018年）など著書・論文多数．

執筆者一覧（執筆順）

氏名	所属	担当
田村　学（たむら　まなぶ）	國學院大學人間開発学部初等教育学科教授	第1章
金馬　国晴（きんま　くにはる）	横浜国立大学大学院教育学研究科教授	第2章
朝倉　淳（あさくら　あつし）	安田女子大学教育学部教授	編集　第3章
渡邉　巧（わたなべ　たくみ）	広島大学大学院人間社会科学研究科准教授	第4章
中野　真志（なかの　しんじ）	愛知教育大学生活科教育講座教授	第5章
永田　忠道（ながた　ただみち）	広島大学大学院人間社会科学研究科准教授	編集　第6章
須本　良夫（すもと　よしお）	岐阜大学教育学部教授	第7章
上之園　公子（うえのその　きみこ）	比治山大学現代文化学部教授	第8章
石田　浩子（いしだ　ひろこ）	広島大学附属東雲小学校教諭	第9章第1節
松村　英治（まつむら　えいじ）	東京都大田区立松仙小学校主任教諭	第9章第2節
垰本　美紀（たおもと　みき）	江田島市立切串小学校教諭	第9章第3節
石井　信孝（いしい　のぶたか）	広島大学附属三原小学校副校長	第9章第4節

（＊所属は2021年4月現在）

新しい生活科教育の創造
　―体験を通した資質・能力の育成―

2019 年 4 月 1 日　第 1 版　第 1 刷　発行
2021 年 4 月 1 日　第 1 版　第 2 刷　発行

編著者　朝倉　　淳
　　　　永田忠道
発行者　発田和子
発行所　株式会社　学術図書出版社

〒 113-0033　東京都文京区本郷 5-4-6
TEL 03-3811-0889　振替 00110-4-28454
印刷　三美印刷（株）

定価はカバーに表示してあります．

本書の一部または全部を無断で複写（コピー）・複製・転載することは，著作権法で認められた場合を除き，著作者および出版社の権利の侵害となります．あらかじめ，小社に許諾を求めてください．

Ⓒ 2019　ASAKURA A., NAGATA T.
Printed in Japan
ISBN978-4-7806-0677-5　C3037